GONGDIAN FUWU ZHIHUI ZHONGXIN
YUNYING GUANLI

供电服务指挥中心
运营管理

国网河南省电力公司新乡供电公司　编

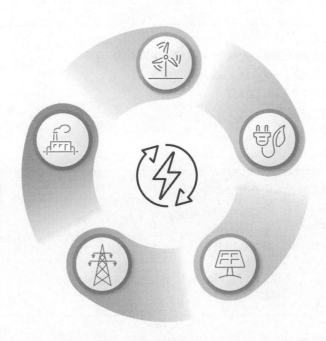

中国电力出版社
CHINA ELECTRIC POWER PRESS

图书在版编目（CIP）数据

供电服务指挥中心运营管理 / 国网河南省电力公司

新乡供电公司编. -- 北京： 中国电力出版社，2025.7（2025.10重印）.

ISBN 978 - 7 - 5239 - 0081 - 9

Ⅰ. F426.61

中国国家版本馆 CIP 数据核字第 20258PU184 号

出版发行：中国电力出版社

地　　址：北京市东城区北京站西街 19 号（邮政编码 100005）

网　　址：http：//www.cepp.sgcc.com.cn

责任编辑：丁　钊（010—63412393）

责任校对：黄　蓓　朱丽芳

装帧设计：赵姗姗

责任印制：杨晓东

印　　刷：廊坊市文峰档案印务有限公司

版　　次：2025 年 7 月第一版

印　　次：2025 年 10 月北京第二次印刷

开　　本：710 毫米×1000 毫米　16 开本

印　　张：12.25

字　　数：230 千字

定　　价：58.00 元

前　言

为进一步推动公司"一体四翼"高质量发展，打通国家电网有限公司（以下简称为国家电网公司）"强前端、大后台"现代服务体系关键环节，促进营配调资源整合与数据贯通，提高配电网运营质量效率，提升供电可靠性和服务管控能力，根据《国家电网有限公司关于全面推进供电服务指挥中心（配网调控中心）建设工作的通知》（国家电网办〔2018〕493号），国网河南省电力公司于2018年完成全省供电服务指挥中心（配网调控中心）（以下简称为供电服务指挥中心）的建设推广。2023年，国家电网公司下发《关于因地制宜推进县级供电企业生产管理模式优化的指导意见》（国家电网设备〔2023〕34号），提出要加快推进"两级"供电服务指挥体系建设，优化供电服务指挥模式，稳步推进供电服务指挥业务下沉。

为指导市县供电公司供电服务指挥中心深化运营，本书编者整合了国网河南省电力公司洛阳、新乡、鹤壁供电公司五年建设运营经验，结合了国网河南省电力公司郑州、焦作供电公司的审核意见，联合国网河南省电力公司电力科学研究院、国网河南省电力公司营销服务中心（计量中心）、河南九域腾龙公司系统梳理了配网调控班、系统运维班、服务指挥班、质量管控班四大班组业务流程和供电服务指挥中心未来发展方向，在编写过程中得到了国网河南省电力公司设备管理部、市场营销部、电力调度控制中心等部门的大力支持与专业指导。通过多方努力，共同完成了本书，为供电服务指挥中心从业管理和技术人员提供了借鉴参考。由于各单位建设模式、职责分工可能略有差异，本书主要按国家电网公司和国网河南省电力公司建设方案的相关要求进行编制。

本书共五章，主要介绍了编写背景和适用范围；供电服务指挥中心四大班组职责；配电网调控、配电自动化运维、服务指挥、质量管控业务规范流程；应急响应事前、事中、事后的工作环节要素；供电服务指挥数字化转型方向相关内容。

由于编者水平有限，时间仓促，书中如有不当之处敬请各位专家和读者批评指正。

目 录

第一章

概　述

近年来，伴随家庭电气化水平提高，人民群众对供电可靠性、服务便捷性有了更高期望，电动汽车、电采暖等新型用能方式的出现也对配电网保障能力提出了更高要求。在新型电力系统建设的进程中，配电网作为重要的公共基础设施，在落实国家战略部署、支撑经济社会发展、推动能源转型等方面，发挥着"主战场"和"主力军"作用，是保障电力"落得下、用得上"的"最后一公里"。

供电服务指挥中心作为配电网信息汇聚和指挥协调的枢纽，承担着客户服务管理、配电网运营监测、故障抢修指挥、服务质量监督、资源配置优化、数据分析与决策支持等多重任务。国家电网公司"1135"新时代配电管理思路，客观上要求发挥供电服务指挥中心的中枢平台作用，推动配电网管理从"生产主导型"向"服务主导型"转变，增强服务的便捷性、精准性和时效性，提升安全、可靠、优质、高效的本质服务能力，不断提高客户用电获得感和满意度。

供电服务指挥中心作为营配调业务的支撑机构，只有"业务精、队伍强"，才能做好优质服务"指挥棒"。通过本书编制与系统培训，可提升员工素质和技能，深入推进营配调业务融合、系统贯通，进一步提高诉求响应能力、故障研判能力、配电自动化应用能力、指挥决策能力和客户服务水平，推动供电服务指挥中心向更加协同、高效、智能的方向发展，加快实现配电网运营精益化管控、业务协同系统化联动、电网设备智能化升级和班组管理数字化转型，助力公司高质量发展。

🎙 1.1　供电服务指挥中心发展历程

1. 2017 年重要论述

《国家电网公司关于印发公司三届二次职代会暨 2017 年工作会议报告和总结讲话的通知》（国家电网办〔2017〕36 号）中，提出为提高快速响应客户需求能力，研究整合配电网运行协调、设备抢修、95598 工单接派、服务值班等力量，试点建立集营配调资源调动和业务运转于一体的供电服务指挥平台。

《国家电网公司关于开展供电服务指挥平台建设试点工作的通知》（国家电网人资〔2017〕154 号）中，提出供电服务指挥平台职能应包括设备监测、运检指挥、故障研判、95598 抢修与非抢修工单接派、业扩全流程监控、"互联网＋营销服务"线上业务受理与服务资源调配等具有客户界面的职能，要求各单位以"业务驱动、整体最优、提升效率效益"为原则，采取矩阵式组织、新设立实体机构或拓展现有机构职能的组织模式，编制建设供电服务指挥平台的试点方案。

《国家电网公司关于加快推进供电服务指挥平台建设的意见》（国家电网办〔2017〕487 号）中，提出要深化对供电服务指挥平台的"三个认识"：①快速响应客户诉求，是主动提升优质服务水平的重要举措；②推进信息数据共享，是高效支撑配电运营管理和优质服务工作的重要载体；③促进效率效益提升，是加快建设国际一流企业的重要手段。首次明确供电服务指挥平台职责，对外是"以客户为导向"的供电服务统一指挥机构，对内是"以可靠供电为中心"的配电运营协同指挥平台，在营销、运检、调控的专业指导下，负责客户诉求的汇集和督办、配电运营协同指挥业务、供电服务质量监督与管控等主要业务，要求各单位重点开展组建供电服务指挥机构、强化系统支撑和信息共享、完善业务流程和制度规范、强化营配融合和提升服务能力等工作。

《国家电网公司关于印发供电服务指挥系统基本功能规范的通知》（国家电网营销〔2017〕550 号）中，首次明确国家电网公司供电服务指挥系统基本功能规范，为系统的设计、研发、部署和实施提供依据，指导各单位开展供电服务指挥系统建设，要求各单位系统建设要满足集中管理、数据共享、专业协同、分步实施和安全优先 5 项原则。

2. 2018 年重要论述

《国家电网公司关于全面推进供电服务指挥中心（配网调控中心）建设工作的通知》（国家电网办〔2018〕493 号）中，进一步明确了供电服务指挥中心工作职责及业务流程，指出其主要承担业务协同指挥、配电运营管控、客户服务指挥、服务质量监督、营配调技术支持等职责。

《国家电网有限公司关于印发供电服务指挥中心（配网调控中心）深化运营专项活动方案的通知》（国家电网设备〔2018〕1044 号）中，提出供电服务指挥中心 3 年深化运营活动工作目标：2018 年全面建设、快速响应；2019 年夯实基础、高效指挥；2020 年全面深化、提质增效。文件提出要围绕夯实配电网调控、配电网指挥和服务指挥三项基本业务以及深化业扩全流程管控、配电运营管控、服务质量监督和运营分析决策四项协同业务，构建过程透明、信息在线、流程融合的供电服务指挥体系，并明确系统建设要求，即技术路线遵从、应用完整性、应用规范性及数据融合完整性。

3. 2020 年重要论述

《国网设备部关于建立工单驱动业务配电网管控新模式的指导意见》（设备配电〔2020〕58 号）中，提出要进一步优化职责标准、强化系统支撑、细化分析评价，深入开展主动工单驱动，对配电网运检业务进行数字化、透明化、流程化、痕迹化管控，全面推进配电网专业管理模式和运维工作方式转型升级，提升配电网精益管理水平和供电保障能力。此文件提出了构建工单驱动业务配电网管控新模式，要求各单位完善系统功能，强化营配调数据融合共享，提升配电网业务基础数据质量。

4. 2021 年重要论述

《国网设备部关于加强供电所配电专业管理的意见》（设备配电〔2021〕34 号）中，提出为加快建设现代设备管理体系，提升配电网供电保障能力和优质服务水平，要重点优化配电网设备管理业务模式，推行工单驱动业务管控模式，强化供电服务指挥系统数据汇总分析和功能拓展应用，通过主动工单提升主动管控能力，加强工单快速响应、高效流转，驱动配电网生产业务数字化、透明化闭环管控，全面推进配电专业管理模式和运维工作方式转型升级。

5. 2022 年重要论述

《国家电网有限公司关于印发 2022 年设备管理数字化转型暨新一代设备资产精益管理系统（PMS3.0）建设应用工作方案的通知》（国家电网设备〔2022〕179 号）中，提出要通过深入推进电网资源业务中台建设、持续推进 PMS3.0 建设、加快设备智能化升级等重点工作的开展，进一步推进电网设备智能化升级和管理数字化转型工作，提升设备资产管理质效，助力高质量发展。

《国网设备部关于加强属实投诉和意见工单整治工作的通知》（设备配电〔2022〕102 号）中，就加强属实工单整治工作提出六项要求：重视民生诉求、开展全面梳理、建立挂牌机制（总部、省级、市级）、加强溯源分析、加大考核力度、组织验收评估，实现从"用上电"到"用好电"的服务升级。

《国家电网有限公司关于印发深入开展供电质量服务问题专项治理八项措施的通知》（国家电网办〔2022〕526 号）中，提出要研究制订八项具体措施：加快推进存量问题治理"见底清零"、建立增量问题配套电网改造绿色通道、全面提升配电网精益运维水平、着力优化停电安排和抢修服务、加强服务全过程风险与质量管控、建立突出问题治理协同督办机制、开展客户诉求大数据溯源分析、强化问题治理结果跟踪考核，要求深入开展供电质量服务专项任务，以更高标准、更大力度治理客户反映的频繁停电、低电压等供电质量问题。

6. 2023 年重要论述

《国家电网有限公司关于因地制宜推进县级供电企业生产管理模式优化的指导意见》（国家电网设备〔2023〕34 号）中，提出要加快推进"两级"供电服务指挥体系建设，强化城区分公司营配调专业协同、业务融合，加强营配调资源统筹，提升客户服务质量，提高服务管控能力、响应速度和处理效率。

🎙 1.2　供电服务指挥中心现状

河南省各地市供电公司按国家电网公司建设方案，成立独立运营的供电服务指挥中心以来，认真夯实配电网调控、运营指挥、服务指挥和营配调技术支持四项核心业务基础，长周期保持配电网平稳运营，不断完善配电网调度控制、配电运营管控、客户服务指挥、服务质量监督和营配调技术支持等业务集中管理与高效运转的供电服务指挥体系，在提升配电网运营效率效益和供电优质服务水平方面发挥了重要作用：

（1）有效提高电网运营质量。传统配电网运营服务中存在营配调专业协同不足、业务融合不够等问题，导致配电网管理资源分散、决策链条长、管理效率低。供电服务指挥中心通过全面整合运检、营销、调控等专业指挥资源，将分散式的配电网调控、抢修指挥、配电运营、服务指挥、服务监督等业务从"多头办理"向"一站管理"转变，解决营配调专业协同不足、业务融合不够、客户诉求多头受理等矛盾，实现计划精准、管理精益、运转高效、运行经济、服务优质的"内部循环"，有效提升配电网运营效率效益、客户服务水平和企业核心竞争力。

（2）有效发挥客户导向作用。供电服务指挥中心以中立角度站位全局，以 95598、12398 工单和系统监测数据为基础，对生产、建设、营销等领域运行情况、工单情况开展客观公正的评价、预警，通过深入分析客户诉求，推动业务协同，强化问题闭环管控；通过对指标落后单位开展督办，将供电服务压力充分传导至基础班组和供电所，为公司供电服务和运营质效提升提供了有益的助力。

（3）有效支撑配电网精益管理。供电服务指挥中心坚持以提高供电可靠性为主线，开展配电全业务工单管控，加强配电网停电计划执行管理，提高配电自动化实用化水平，配电故障率、故障报修率、故障抢修时间实现了大幅降低；通过服务大数据分析，向专业部门提出配电网设备的治理建议，有效指导配电网设备运维策略的制订，提升了配电网建设改造投资的精准性。

然而，供电服务指挥中心在实际运营中仍存在诸多不足：

（1）中心建设不平衡。各地市供电公司基础差异较大，供电服务指挥中心建设运营存在发展不平衡现象，部分单位的建设思路不清晰，存有"重机构、轻业务"问题，未真正实现营配调业务的深度融合。供电服务指挥中心业务界面不清晰，日常业务与职能管理部门、业务实施部门存在交叉地带或真空地带，导致部分业务多头管理或管理缺失。

（2）信息系统支撑仍有提升空间。营配调数据贯通工作仍需深入，故障研判、停电信息分析等多种应用场景暴露出基础数据仍有缺陷。伴随能源互联网建设，客户用电需求也日趋个性化、多样化，未来配电网及客户数据的分析、挖掘潜力巨大，供电服务指挥中心系统数据资源挖掘和决策分析能力仍有大量提升空间。

🎤 1.3 适 用 范 围

1.3.1 运营业务指导书的编制原则

本书重点梳理了供电服务指挥中心职责、业务流程，并对新型业务进行了展望，旨在为相关从业管理和技术人员提供技术指导和案例参考，尽可能全面支撑业务的深化运营。在编写本书的过程中，编委会特别注重前瞻性和创新性，努力将最新的技术、理念和方法融入书中。

本书适用于国网河南省电力公司系统内各地市级、县级供电服务指挥中心或承担供电服务指挥工作职责的班组或人员，可用于指引上述单位、班组及人员开展供电服务指挥业务，提供规范性的业务流程、技术指导及管理规范。

1.3.2 运营业务指导书的结构和内容

本书采用"总体介绍—分项阐述 未来展望"的结构展开。本书的第一章主要介绍本书的编写背景和适用范围；第二章主要介绍供电服务指挥中心配网调控班、系统运维班、服务指挥班、质量管控班四大核心班组职责；第三章对全业务流程进行详细阐述；第四章从事前、事中、事后的准备工作、应对措施、分析总结等方面做详细阐述并给出实际案例提供参考；第五章介绍了数字化转型方向及未来展望。

我们期待本运营业务指导书能成为广大供电服务指挥工作者的得力助手，共同推动电力行业的繁荣和发展。同时，我们也期待与业内同仁继续加强交流与合作，共同推动供电服务指挥中心运营管理工作的不断创新和进步。

第二章

组织架构与职责

🎙 2.1 组 织 架 构

供电服务指挥中心下设 4 个班组：服务指挥班、配网调控班、质量管控班、系统运维班。组织架构如图 2-1 所示。各地市供电公司可结合单位实际对内设班组进行差异化设置。

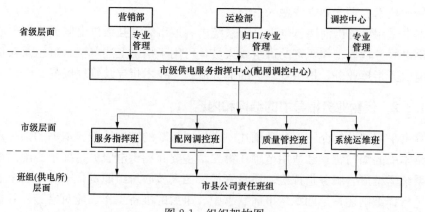

图 2-1　组织架构图

🎙 2.2 部 门 职 责

2.2.1　机构性质与主要职责

根据国网河南省电力公司相关文件规定，供电服务指挥中心为二级内设机构，坚持以客户为中心，以提升供电可靠性为主线，主要负责集中开展配电网调控、配电网设备监测、配电网运检指挥、故障研判、95598抢修与非抢修工单接派、业扩全流程监控、停电信息报送、重要服务事项报备、知识库采编等具有客户界面的供电服务指挥业务，实行7×24h全天候服务管控和服务响应。

2.2.2 职责界面

市供电公司各部门与供电服务指挥中心的职责界面（见图2-2）如下：

（1）运维部（配网部）是供电服务指挥中心归口管理部门。负责配电网设备监测、运检指挥、故障抢修、抢修指挥、配电自动化等专业管理；负责落实国家电网公司和省电力公司相关工作要求和技术标准，牵头开展供电服务指挥中心建设、运行管理，细化业务流程及岗位职责，制订相关管理细则及考核细则；负责运检相关业务系统数据推送至供电服务指挥平台的及时性和准确性；负责对供电服务指挥中心工作开展情况进行评价考核；负责运检专业工作的监督检查、审核分析和评价考核。

供电服务指挥中心接受运维部（配网部）的专业指导，支持开展市县供电公司配电网运维检修、配电网故障抢修等业务全过程管控；负责配电自动化主站、配电网图模建设运维业务；负责开展配电网供电能力、供电质量、设备运行状况、缺陷异常、设备异动、运行环境等监测，指挥市县责任单位开展配电网运维检修、故障抢修等业务，对所辖区域的设备运维检修、故障抢修工作提出评价、考核建议。

（2）营销部是供电服务指挥中心营销专业管理部门。负责组织落实营销专业95598非抢修工单处置、现场服务预约、业扩全流程监控、服务质量稽查管控、服务事件督查督办、95598知识库维护、重要服务事项报备等相关管理制度、业务流程和标准规范；负责营销相关业务数据推送至供电服务指挥平台的及时性和准确性；负责营销专业工作的监督检查、审核分析和评价考核。

供电服务指挥中心接受营销部的专业指导，支撑营销部开展业扩全流程管控、客户服务指挥、服务质量监督等工作，根据相关工作标准，负责对服务全流程开展预警、响应和客户满意度评价，对所辖区域的客户服务相关工作提出考核建议。

（3）调控中心是供电服务指挥中心的上级调度和调控业务管理部门。负责地区电网调度运行、设备集中监控、系统运行、调度计划、继电保护、水电及新能源（含分布式电源）、调度自动化、停送电信息报送等专业管理。负责制订调控专业相关工作规范、指标及工作要求的下达；负责调度相关业务系统数据推送至供电服务指挥平台的及时性和准确性；负责调控专业工作质量的监督、检查、评价和考核。

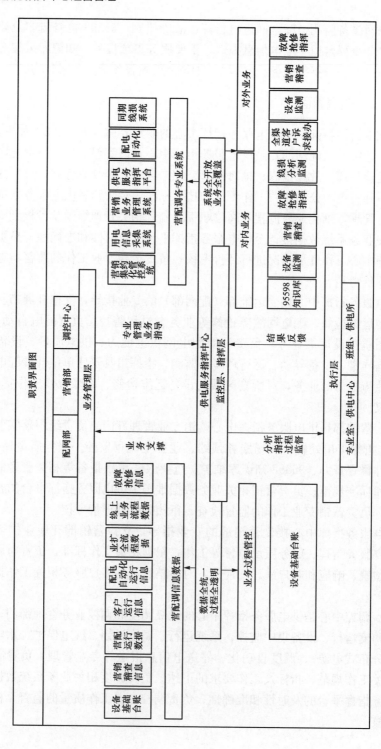

图 2-2 职责界面图

供电服务指挥中心接受调控中心的调度与专业管理。负责开展调度范围内调度运行操作、异常及事故处理；负责接入配电自动化系统的调管范围内设备监控及遥控操作；负责贯彻执行地区调度控制中心下发的相关工作标准及要求，按要求向调控中心报送运行分析、计划执行、方式调整、保护单执行、设备异动等报告。

（4）数字化部是信息化系统运维的业务管理部门。负责配合专业部门开展供电服务指挥平台管理，配合各专业部门完成信息系统接入，做好支撑工作。

2.2.3　业务范围

2.2.3.1　配电网调度控制

（1）调控运行。负责接受上级调控机构的调控指挥和调控管理，负责管辖范围内的配电网调控运行、配电网运行信号监视、设备遥控、电压调整和异常、故障处置；参与新（扩、改）建站所及设备的保护传动、遥控对点工作。

（2）倒闸操作。负责调度管辖范围内设备的倒闸操作，提前调整运行方式，落实风险防控措施，下达倒闸操作指令，办理计划停送电、临时停送电工作调度开竣工手续。

（3）调度工作。负责配电网月周日停电计划、新设备送电方案的编制、执行；负责调度范围内设备异动工作；负责调度范围内高压用户调度管理。

2.2.3.2　配电运营管控

（1）配电网设备监测。实时监测设备（线路/配电变压器）重过载、三相不平衡、低电压、采集终端离线、表计异常等运行工况，形成主动工单，派发至责任单位，进行全过程跟踪督办；应用智能电能表采集数据，开展客户端低电压监测、分析；对配电网一、二次设备运行情况及配电网（馈线/支线/配电变压器/低压线路/客户）停运状态进行监控，开展停电次数、停电原因、停电范围、影响区域、频繁停电、损失电量分析，分析检修计划安排、网架结构现状、设备安装合理性、停电转移负荷等规范性、合理性问题。

（2）配电运维和检修计划执行管控。对各类设备运维巡视、检修处（消）缺等计划执行情况进行管控，跟踪分析业务全过程，对于临、超期等情况及时预警督办；负责开展市县供电公司配电网故障停电、重复停电和检修计划执行情况分析并进行预警督办。

（3）配电网运营管理分析。对配电网运维检修工作的进展、关键环节进行多维度管控，结合区域环境、配电网设备状态、配电网运维定员数量等因素，分析评价运检作业工时、成本、成效，辅助提升配电网运维管理效益；负责每月发布管辖范围内的电网资源（馈线、支线、开关站、配电变压器）可开放容量；负责定期编制配电网设备运行报告；负责梳理电网资源负面清单，为配电网规划、运检、调度等业务提供决策支撑。

（4）配电网运维指标管控。开展配电网设备、配电网运行、配电自动化等关键运行指标的分析、跟踪管控、可视化展示，重点管控配电网规模指标（线路绝缘化率、电缆化率、联络率、平均供电半径等）、配电网运检指标（设备消缺率、配电网设备故障跳闸率、电压合格率、重过载率、低电压率、三相不平衡率、检修计划完成率、平均检修时长、检修计划停送电偏差率、不停电作业率）、配电自动化指标（终端数据完整率、自动化覆盖率、终端在线率、遥控成功率等），对配电网各类运行指标异动情况进行预警和督办，实现设备运行关键指标的全过程管控。

（5）运行环境风险评估和预警。支撑专业部门根据配电网历史运行数据，结合季节、气象情况，应用大数据分析技术，对配电设备现场风险（低洼、防汛滞洪、雷区、污区、鸟害、鱼池、重要交跨、山火、线下违章、外力隐患点、树障等）进行评估，发布相关的评估报告及预警，协助专业部门开展差异化运维工作。

（6）运行设备风险评估和预警。根据配电网设备负荷、电能质量等运行情况，结合设备巡视检修、缺陷隐患及家族性缺陷等，对设备运行风险进行大数据、多维度分析及预警，协助专业部门开展差异化运维。

2.2.3.3 客户服务指挥

（1）全业务工单受理。负责接派 95598、12398、在线渠道、外部渠道转办等工单；负责配电网故障、主动抢修信息研判、抢修工单合并派发；负责非抢修类投诉、意见（建议）、业务申请、查询咨询等客户服务诉求处理派发；负责全业务工单回复审核、跟踪督办；针对社会舆情强烈关注、人身安全及重要用户用电体验受到严重影响等需应急处理的工单，及时履行工单传递和信息报送要求。

（2）重要服务事项报备。按《国网营销部关于优化 95598 客户服务业务管理有关事项的通知》（营销质量〔2023〕50 号）中《国家电网有限公司 95598 重要服务事项报备管理规范》要求完成重要服务事项的录入、审核、发布及分级、分类统计汇总。

（3）停送电信息报送管理。负责汇总计划、故障、停限电、事故处理等停电信息，及时将停电设备和影响范围报送至国家电网北中心；负责将停电信息以短信、微信等方式通知相关用户。

（4）95598 知识库维护。负责组织与供电服务指挥中心相关的 95598 知识库知识点补充或更新的采集、审核，并提交国网河南省电力公司营销服务中心（计量中心）（以下简称为省营销服务中心）。

2.2.3.4 服务质量监督

（1）营销业务质量管控。负责对营销业务异动问题开展在线监控、筛查、分析、督办；负责对营销部转办营销业务异动问题进行核实、处理和反馈；负责营销业务现场稽查，负责督促、指导所辖县供电公司开展营销业务现场稽查。

（2）业扩全流程管控。负责电网资源信息公开、供电方案备案会签、接入电网受限整改、电网配套工程建设、停（送）电计划安排等线上协同流转环节的实时预警、协调催办；负责监控分析高压新装与增容平均办电时间，以及供电方案答复、设计文件审核、中间检查、竣工检验、装表接电环节时长及流转情况；负责监控分析高压新装、增容和减容销户情况，掌握新装增容、减容销户的客户及容量构成情况和变化趋势；负责统计分析业扩报装业务的客户满意度及相关问题。

（3）供电服务质量监督。负责供电服务、业务办理、95598工单处理、指标数据和客户满意度等业务数据和关键指标分析，对指标异常情况进行预警，对全渠道业务异常数据、业务处理出现的典型差错及其他需要督办的事项，向责任部门和单位发送供电服务质量督办单，跟踪整改措施落实情况。

（4）服务信息发布。对外主要实现服务进度节点、量价费关键信息发布，对内实现重要流程环节督办和时限预警、供电服务质量等信息发布。

2.2.3.5 系统运维

（1）配电自动化运维。负责管辖范围内配电自动化主站（含图模）建设及运维，配电自动化（含图模）运行情况监控及分析；负责配电自动化终端消缺闭环管控；开展配电自动化（含图模）系统运行指标统计、分析和发布，配合相关职能部门开展配电自动化主站（含图模）系统应用需求收集和培训宣贯工作。

（2）供电服务指挥平台应用推广。配合上级单位开展供电服务指挥平台的现场建设部署和日常运维工作，收集汇总系统应用问题和深化拓展需求，配合开展系统培训和现场指导。

（3）营配调数据质量稽查及管控。负责设备新投异动和配电网专题图管控；负责营配调各相关系统数据接入情况监测及分析；负责监测配电网调度控制、停电分析到户、故障主动研判及服务指挥过程中发现的设备台账错误、拓扑关系错误、设备参数错误、采集数据错误、用户档案信息错误等情况，接受国家电网北中心派发营配基础数据校核工单，发送稽查工单至相关班组进行闭环处理与整改督办，建立营配调基础数据质量验证机制，持续改善营配调基础数据质量。

（4）服务指挥大数据发布。基于配电自动化主站系统、PMS3.0系统、供电服务指挥平台、用电信息采集系统、营销业务应用系统等供电服务指挥相关系统的数据贯通和信息共享，充分利用云平台、人工智能等先进技术手段开展涉及服务指挥的相关大数据挖掘、发布分析报告，精准指导提升供电服务水平和能力。

🎙 2.3 配网调控班职责

（1）负责编制月周日停电计划，编制调度命名及设备编号，编制新设备送电方案及重大检修调度措施。

（2）负责开展管辖范围内配电网停送电计划执行、配电网操作、运行方式调整、配电网异常及事故处理等调控运行工作。

（3）负责管辖范围内专线及双电源客户的调度工作。

（4）负责配电网设备运行环境监测。

（5）负责监督有序用电工作的执行。

（6）负责处置事故、异常、越限、变位等系统信息。

（7）负责根据上级调度机构统一要求收集上报配电网故障相关信息。

（8）负责将监测的跳闸信息、停电信息及故障处置情况同步告知服务指挥班，支撑服务指挥班完成停电信息录入、停电范围研判、停电信息告知等业务。

（9）负责将配电网运行方式变化同步告知服务指挥班，支撑服务指挥班完成停电范围研判等业务。

（10）负责将停电计划执行情况同步告知服务指挥班，支撑服务指挥班完成停电信息变更、停电性质研判等业务。

🎙 2.4 系统运维班职责

（1）负责管辖范围内配电自动化主站建设、运维及配电自动化终端运行情况监控分析，并编制配电自动化系统运行分析报告。

（2）负责配电自动化终端消缺闭环管控。

（3）负责配电自动化系统、PMS3.0系统、OMS系统、营销业务应用系统、用电信息采集系统、线损系统等数据接入情况监测及分析。

（4）负责供电服务指挥平台应用推广及培训。

（5）负责设备新投异动和配电网专题图管控。

（6）负责新（扩、改）建站点及设备的保护传动、遥控对点工作。

（7）负责营配调数据质量管控，对设备台账、拓扑关系、营销数据、采集数据、计量档案、用户档案信息等数据质量进行监测、分析，同时接受国家电网北中心派发的营配基础数据校核工单，派发稽查工单至相关班组，进行全过程跟踪督办。

（8）负责编制并发布服务指挥大数据分析报告。

🎙 2.5　服务指挥班职责

（1）负责落实 95598 业务管理和配电网抢修指挥相关规定要求，开展供电服务指挥。

（2）负责接派处理 95598、12398、网格化电话、在线渠道、外部渠道转办等工单。

（3）负责配电网故障、主动抢修信息研判、工单合并派发。

（4）负责服务信息发布。

（5）负责停送电信息报送。

（6）负责客户用电履约监控。

（7）负责重要服务事项、重大服务事件报备。

🎙 2.6　质量管控班职责

（1）负责营销业务质量管控，开展营销业务异动监控、预警督办和现场稽查。

（2）负责业扩全流程实时预警、协调催办和资源调度。

（3）负责供电服务质量监督，开展业务数据和关键指标分析、服务质量评估和分析督办。

（4）负责 95598 知识库维护。

（5）负责开展配电网设备状态监测、预警、研判，派发主动检修工单到责任单位，进行全过程跟踪督办。

（6）负责作业现场远程监督。

（7）负责配电网运维、检修计划执行情况监督、分析与评价。

（8）负责开展配电网可靠性与供电能力诊断评估，提出配电网网架、供电能力、设备改造建议。

（9）负责开展配电网运维及抢修网格评价，提出优化建议。

（10）负责编制、发布业务运营报告。

第三章

运营业务规范

本章对供电服务指挥中心下设 4 个班组的业务规范进行介绍。

🎙 3.1 配电网调控业务规范

3.1.1 配电网调控管理

3.1.1.1 配电网调控管理原则

（1）依法坚持"公开、公平、公正"的原则，服务于电力客户，服务于发电企业。

（2）坚持"安全第一、预防为主、综合治理"的方针。配电网内电网企业、发电企业、售电企业、电力客户有责任共同维护电力系统的安全稳定运行。

（3）电网运行实行统一调度、分级管理，以保障电力系统安全、优质、经济运行。任何单位和个人均不得非法干预电力调度活动。

3.1.1.2 配电网调度管辖与监控范围

（1）区域内公司资产的 220(110)kV 变电站内 35、10(6)kV 出线间隔。

（2）区域内公司资产的 35kV 线路及变电站。

（3）10(6)kV 公用干线线路、分支线路、分段（联络）断路器、隔离开关。

（4）10(6)kV 公用开关站、配电室的高压母线、出线间隔。

（5）10(6)kV 公用环网柜、电缆分接箱的高压母线、出线间隔。

（6）10(6)kV 公用变压器高压侧断路器、跌落式熔断器（隔离开关）及其上接点以上线路设备。

（7）10(6)kV 客户分界开关（跌落式熔断器、隔离开关等设备）及以上公用线路设备。

（8）经 10(6)～35kV 电压等级接入配电系统的地方电厂、分布式电源、高压双（多）电源客户、高压专线客户、自备高压电源客户等由调度协议确定的配电网调度管辖设备。

（9）上级调控机构授权（委托）调度的设备。

（10）继电保护及安全稳定自动装置等二次设备的调度管辖范围与一次设备一致。

（11）负责调度管辖范围内接入配电自动化系统的设备监控。

3.1.1.3 配电网调控职责

（1）指挥调度管辖范围内设备的操作，接受上级调控机构的指挥和专业管理。

（2）组织编制并执行配电网调度计划、运行方式。

（3）指挥配电网事故处理，分析配电网事故，制订并组织实施提高配电网安全运行水平的措施。

（4）负责配电网用电负荷调整、方式调整及联络线潮流控制，保证配电网安全运行。

（5）负责监控范围内设备的集中监控、信息处置和远方操作。

（6）负责调度管辖范围内继电保护、安全稳定自动装置定值的调度执行环节。

（7）负责调度管辖范围内设备的统一命名编号，编制新设备启动方案及重大检修调度措施。

（8）负责调度管辖范围内地方电厂、分布式电源、高压双（多）电源、专线客户的调度运行管理。

（9）负责调度管辖范围内增量配电网的调度运行管理。

（10）负责调度管辖范围内电化学储能系统的调度运行管理。

（11）组织系统有关人员的调度业务培训，并对用户值班人员上岗资质履行监督职责。

（12）负责"三公"调度信息发布。

（13）参与新建、改建、扩建设备的验收工作。

（14）参与配电网规划编制和配电网项目设计审查。

（15）参与限电及事故拉闸序位表的编制工作。

（16）参与配电网安全性评价。

（17）行使上级调控机构批准（或授予）的其他职责。

3.1.1.4 配电网调控规则

（1）配网调控员在值班期间是配电网运行、操作及事故处理的指挥员，接受上级调控员的调度指令，并向监控员、运维人员以及高压客户值班员发布调度指令。未获值班调控员的指令，任何人不得操作调度管辖范围内的设备。任何单位和个人不得干预配网调控员发布或执行调度指令。配网调控员依法执行调度指令，受法律保护，并承担相应责任，有权利和义务拒绝各种非法干预。

（2）有权接受调度指令的运行人员名单应上报调控机构备案，配网调控员名单应通知有关运行单位。高压客户值班员须有国家权威机构认证的电力行业高压从业资质。

（3）调管范围内设备的正常操作，应按值班调控员的指令或得到值班调控员的许可后方可进行，发令、受令及填写操作票应使用调度术语和统一的双重编号。调度指令的发、受令双方都要录音并应作好记录，录音记录不得少于三个月。使用调度网络下令系统，应确保发、受令双方正确接收对方单位、姓名、调度指令内容和相关时间节点全过程电子记录，记录保存期不得少于三个月。

（4）值班调控员发布的调度指令，接令人员必须立即执行，不准无故拒绝或拖延执行调度指令。违背、拒不执行或拖延执行调度指令时，受令人应承担相应的责任。如受令人受领导干预，违背、拒不执行或拖延执行调度指令，相关领导应对此负责并承担由此引起的后果。

（5）发生威胁电力系统安全运行的紧急情况时，值班调控员可越级发布调度指令，受令人应立即执行。电力系统运行遇有危及人身、电网、设备安全情况时，监控员、运维人员以及高压客户值班员应按现场运行规程处理，并立即报告值班调控员。

（6）非配电网调控机构负责人，不能直接要求值班调控员发布调度指令。公司领导发布的一切有关调度业务的指示，应通过配电网调控机构负责人转达给值班调控员。

（7）用户负荷导致线路或设备重过载时，调控机构应予以警告，经警告仍未控制负荷的，调控机构有权按有关法律法规进行负荷控制；当电力供应出现紧张时，用户应按政府下达的有序用电方案执行错峰、避峰用电，必要时按调控指令执行限制用电措施（新增）；对于拒不执行有序用电方案或限制用电措施的用户，调控机构有权部分或全部暂时停止供电。

（8）发电厂（站）无正当理由或因不可抗力而不按调度指令发电的，调控机构应予以警告；经警告拒不改正的，值班调控员经请示调控机构负责人同意后，有权依据相关法律法规暂时将该发电厂（站）部分或全部机组解列。

（9）发电企业、独立小电力系统、分布式电源客户、电力客户不按调控机构要求装设及投入电力系统安全稳定自动装置的，经报请电力监管机构同意，调控机构可暂时将其解列或停止向其供电。对擅自并网或解列的发电企业、独立小电力系统，调控机构应责令其改正；拒不改正的，调控机构可拒绝其并网运行。

（10）不属于调度管辖范围内的设备发生异常，如有可能波及系统或对系安全运行有较大影响者，运维人员应先行处理，并及时报告值班调控员。值班调控员应及时采取防止事故扩大的措施。

3.1.2　事故处理流程

3.1.2.1　原则

（1）迅速限制事故发展，消除或隔离事故根源，解除对人身、电网和设备安全的威胁。

（2）尽可能保持设备的正常运行和用户的正常供电。

（3）尽快对已停电的用户和设备恢复供电，优先恢复重要用户供电。

（4）及时调整并恢复配电网运行方式。

（5）电网发生故障时，值班监控员、厂（站）运行值班人员和设备运维人员应立即汇报值班调控员，主要汇报事故发生时间、故障设备及其状态、事故现象等概况。待相关人员到达事故现场，检查清楚事故现场情况后，再将以下内容详细汇报：

1）事故发生时间、故障设备及其状态、事故现象。

2）开关变位、继电保护及安全稳定自动装置动作情况，设备能否运行的结论和处置建议。

3）负荷转供情况或负荷损失、设备重过载情况。

4）电压、潮流、频率、表计摆动、出力等情况。

5）其他有助事故处理的情况。

（6）事故单位处理事故时，对调度管辖设备的操作，应按值班调控员的指令或经其同意后进行。

（7）为迅速处理事故和防止事故扩大，下列情况无须等待调度指令，事故单位可自行处理，但事后应尽快报告值班调控员。

1）对人身、电网和设备安全有威胁时，根据现场规程采取措施。

2）将故障停运已损坏的设备隔离。

3）厂（站）用电全部或部分停电时，恢复其电源。

4）其他现场规程明确规定，可不等待值班调控员指令自行处理者。

（8）事故处理中涉及上级调度权限时应取得上级调度值班员的许可后方可进行。

（9）定期统计汇总调度管辖范围内事故处理情况，并上报上级调度。

3.1.2.2　线路跳闸

3.1.2.2.1　处理原则

（1）配电网线路（含分支线路）故障跳闸，值班调控员应通知设备运维单位事故带电巡线。巡线通知应包含跳闸线路、跳闸时间、继电保护及安全稳定自动

17

装置动作情况和配电自动化系统指示情况。

（2）线路跳闸，原则上不进行强送；无重合闸、重合闸故障停用或重合闸未正确动作的非全电缆线路跳闸，可视情况强送一次［重合闸未正确动作的，应退出重合闸再强送］。强送的断路器必须完好且具备完备的继电保护。

（3）电缆线路故障跳闸后，应隔离故障设备或经试验合格后方可送电。

（4）检修后的线路恢复送电时，该线路断路器跳闸，在未查明原因前一般不得强送。

（5）投入自动化功能的线路跳闸，在配电自动化系统中显示为故障线路的，不得强送。

（6）值班调控员通知的一切事故巡线，巡线人员均应认为线路带电，有关单位应将巡查结果及时报告值班调控员。

（7）带电作业过程中设备突然停电，现场工作人员应视设备仍然带电，工作负责人应主动尽快联系值班调控员。未与现场工作负责人取得联系前，值班调控员不得强送电。

（8）当断路器允许遮断故障次数少于两次时，设备运维人员应向值班调控员汇报，申请停用该断路器的重合闸。

（9）因客户原因引起配电网线路跳闸，值班调控员在未接到用电检查人员验收合格汇报前，有权不恢复该客户的供电。

3.1.2.2.2　处理流程

线路跳闸事故发生后，配调调度员根据线路性质通知相关运维人员，运维单位根据现场情况汇报事故象征，调度负责指挥现场开展事故处置，事故处理完毕后恢复供电。处理流程如图 3-1 所示。

3.1.2.3　电压异常

3.1.2.3.1　处理原则

（1）变电站内 10(6)～35kV 母线出现电压异常现象，值班调控员应首先检查三相电压指示，防止误将 TV 熔断器熔断判断为接地故障。

（2）中性点不接地或经消弧线圈接地的电网，当发现电压异常（含接地、谐振、三相电压不平衡等）时，应尽快查找故障原因并在短时间内消除。

（3）当带电作业线路所在母线发生接地时，值班调控员应立即通知带电作业工作负责人并要求其立即停止作业。

（4）接地故障的寻找方法。配电线路上安装有配电自动化终端（FTU、DTU）或远传型故障指示器的，根据配电自动化主站的接地故障定位结果确定故障线路及区段。配电自动化主站未报出接地故障位置或配电自动化未覆盖的线路，采用以下方法查找故障：

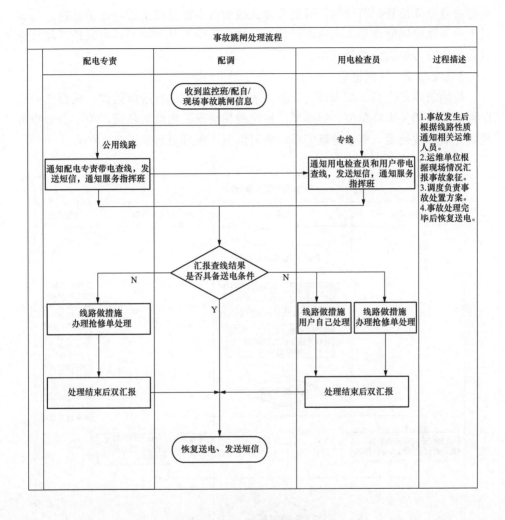

图 3-1 事故跳闸处理流程图

1）站内母线分割法。母线分列运行寻找接地母线。

2）短时停电法。试拉线路寻找接地线路（试拉有故障象征或小电流接地选线报警的线路；试拉穿越森林、草原等存在火灾风险的线路；试拉空载备用线路；试拉故障可能性大、绝缘程度较弱的线路；令发电机解列后试拉电厂并网线路）。

3）检查母线、电容器、站用变压器等是否正常，排除母线及其附属设施故障造成的接地。

4）如将故障段母线分路全部试拉一遍接地仍没有消失，应将故障段母线上

19

所有线路全部拉开，若接地信号消失确认接地点不在母线上后，逐条试送。当试送上一条线路接地信号未出现不再拉开，如出现应将其再拉开，再试送其他线路直至将所有接地线路全部找出。

3.1.2.3.2 处理流程

接地故障发生后，配调调度员根据接地选线流程选出故障线路，根据故障线路性质通知相关运维单位，运维单位根据现场情况汇报事故象征，调度负责指挥现场开展事故处置，事故处理完毕后恢复供电。处理流程如图 3-2 所示。

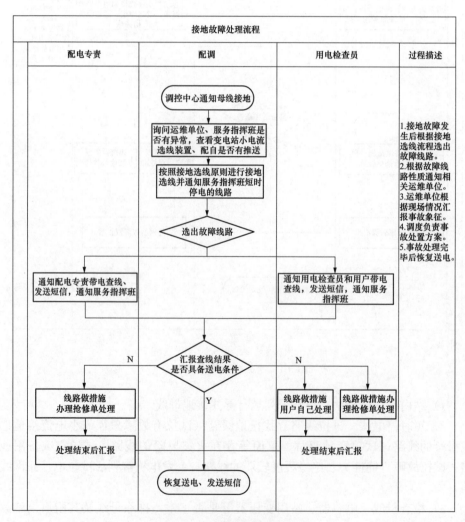

图 3-2　接地故障处理流程图

3.1.2.4 母线失压

（1）配电网调度管辖范围内变电站、开关站母线电压消失，值班调控员应首先检查断路器状态、电压和电流遥测值及潮电流互感器化等综合判断是否为母线故障，并及时通知设备运维人员立即到现场检查。

（2）母线失压，未查明原因前不得试送。如发现母线有明显故障，则应将故障母线的所有断路器、隔离开关断开，然后对非故障母线送电。

（3）如因故障引起越级跳闸，造成母线失压时，现场值班人员应根据值班调控员的指令隔离故障设备后，对非故障母线和线路恢复送电。

（4）主变压器后备保护动作引起母线失压时，可断开母线上所有断路器。在确认母线无问题后，对母线试送电，试送成功后，再试送各线路。为防止送电到故障元件，再次造成母线失压，应根据有关厂（站）保护动作情况，正确判别并尽快隔离故障元件。

3.1.2.5 线路过负荷

3.1.2.5.1 处理原则

（1）线路不允许过负荷运行。架空线路和电缆线路正常运行时的允许载流量，由公司运维检修部门提供，应及时报调控机构备案。

（2）运行线路出现过负荷时，应及时转移双（多）电源客户负荷。

（3）运行线路出现过负荷时，应及时调整电网运行方式以转移负荷，视情况适当提高母线电压，必要时通知供电部对过负荷线路采取工业避峰措施。

（4）当上述手段全部执行完毕线路仍过负荷时，应采取拉闸限电措施。

3.1.2.5.2 处理流程

线路发生重过载时，配调调度员根据线路性质通知对应单位采取负荷控制措施，处理流程如图 3-3 所示。

3.1.2.6 紧急避险

（1）遇有自然灾害预警需提前进行的紧急避险停电，应由公司应急指挥中心提前将停电明细以书面形式下达至配调，配调根据明细核实电源，并按文件要求准时下达停电指令，停电完成后做好记录。

（2）对于停电对象上级断路器可远程操作的，由配调配合执行，无法远程操作的，由现场操作实施停电。供电公司只对电网侧产权设备进行停电操作，禁止操作客户侧产权设施。

（3）遇有下列情况之一者，配调当值调控员应立即采取紧急避险停电措施：

1）配调当值调控员接到公安、消防、政府应急管理部门申请紧急停电并能确认身份真实的。

2）配调当值调控员接到配电运维人员汇报危及人身和设备安全的。

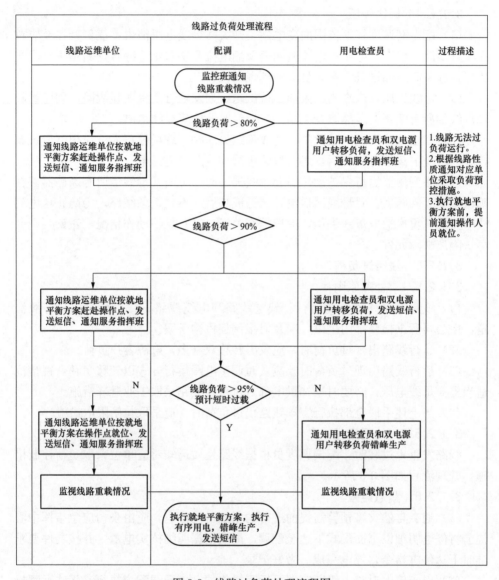

图 3-3　线路过负荷处理流程图

3）配调当值调控员接到双（多）电源、直配线高压值班电工汇报危及人身和设备安全的。

4）上级调度下达紧急避险停电指令的。

5）配调当值调控员根据自然灾害（如地震、水灾、火灾、山体滑坡等）综合判断需要紧急避险停电的。

（4）如紧急避险停电线路涉及重要客户，应立即汇报公司主管领导，经批准后方可执行。

（5）配调当值调控员采取紧急避险停电措施后，应及时通知相关停电设备的配电运维人员和营销人员，并汇报部门领导和公司主管领导。

（6）紧急避险停电应做好记录并写明原因，避险结束后，配调当值调控员根据现场人员（含用户和用检）汇报，在保证安全的前提下迅速恢复送电。

3.1.2.7　通信失联

（1）发生事故时，若通信中断，事故单位应按有关规定迅速处理，并设法与调控机构取得联系，说明事故原因、处理经过和事故后的运行方式。必要时可经第三者转达，但要做好记录和录音。

（2）与调控机构失去通信联系的单位，尽可能保持电气接线方式不变。

（3）正在执行调度指令时与调控机构通信中断，应立即停止操作。待通信恢复后，详细向值班调控员汇报现场实际情况，取得值班调控员同意后方可继续操作。

（4）发生事故时与调控机构失去通信联系，为防止事故扩大，有关单位应按现场规程处理，通信恢复后，向值班调控员汇报详细情况。

3.1.2.8　分布式电源设备事故处理

（1）分布式电源设备发生事故时，应优先保证客户供电，其次保证分布式发电系统的稳定发电。

（2）含分布式电源的线路跳闸后，试送前应先确认分布式电源与系统解列。

（3）含分布式电源的配电线路柱上断路器或环网柜内馈线断路器跳闸，经设备管理单位确认分布式电源断开后且线路确无故障，可试送 1 次。

（4）含分布式电源线路的母线失压时，应立即断开分布式电源开关，如未自动解列须强制解列。

（5）含分布式电源的发电系统正常情况下，通信设备失灵或中断时，分布式电源测控终端不再接收执行主站命令，转为就地控制模式，待通信恢复且与调控机构联系后，再继续执行相关命令操作。

（6）分布式电源客户应依据本规程和现场运行规程的有关规定，正确、迅速地进行发电设备事故处理，并及时向调控机构通报事故情况。

3.1.3　配电网计划管理

3.1.3.1　配电网调度计划管理规定

（1）配电网设备检修应服从调控机构的统一安排。配电网调度计划按时间分为年度、月度、周、日计划，按类别分为计划停电、临时停电。

（2）配电网设备因预试、定检、消缺、改造、基建、新设备（含客户接入）等工作需要停、送电，均应纳入调度计划进行统筹管理。上级输变电设备停电需配电网设备配合停电的，即使配电网设备确无相关工作，也应列入配电网调度计划。

（3）配电网调度计划应按"下级服从上级、局部服从整体"的原则，综合考虑设备运行工况、重要客户用电需求和业扩报装等因素，坚持一停多用，主配电网停电计划协同，合理编制配电网调度计划，减少重复停电。

（4）配电网调度计划应充分考虑设备的运行状况，以降低电网运行风险和缩短客户停电时间为基础，同时考虑设备的检修周期及相关重点工作要求，设备状况不良的优先安排检修。

（5）同一停电范围内的设备检修工作原则上应同时安排，二次设备检修工作应随一次设备检修工作同时进行。

（6）影响客户供电的线路、间隔设备停电作业宜结合客户设备工作同时安排。

（7）检修主要在春季、秋季开展，夏季、冬季高负荷及重要保电期间原则上不安排重要设备停电。在法定节假日、恶劣天气期间，尽量避免安排对安全运行或客户用电影响较大的设备停电检修工作。

（8）严格控制配电网设备的临时停电作业。如确有必要，应有完备的保证安全的技术措施和组织措施，确保人身、电网、设备安全。

（9）配电网调度计划申报单位必须对计划申报的正确性负责。

（10）配电网调度计划时间应包括设备停、送电操作时间及设备检修工作时间。

（11）若因电网特殊情况或保供电任务，调控机构有权取消、推迟已批准的配电网调度计划或终止已开工的工作。

3.1.3.2　年度计划管理

（1）各发电厂、设备运维单位（项目管理部门）应于每年11月底前向调控机构报送次年配电网停送电计划。调控机构负责汇总、平衡、编制年度计划，并于年底前发布。

（2）按"主配协同"原则，配电网年度计划应与涉及10(6)～35kV母线停电和送电的主网年度计划协同。

（3）年度计划是月度计划安排的依据，年度计划下达后，原则上不进行跨月调整。因客观原因，确需调整的年度计划应提前1个月向调控机构说明情况。

（4）基建、运维、营销等相关单位应根据年度计划，提前做好准备工作，包括设备招投标、备品备件采购及人员安排等，确保年度计划工作按期开工、按期完成。

3.1.3.3　月度计划管理

（1）月度计划每月安排 1 次。

（2）配电网调度计划由项目管理部门汇总、审核后申报。

（3）项目管理单位每月 15 日前（节假日提前至工作日），通过 PMS3.0 和 OMS 系统向调控机构申报次月配电网设备月度停、送电计划。

（4）每月 18 日前由调控机构组织相关部门召开配电网设备月度计划平衡会，每月 20 日前发布。

（5）不能执行月度计划的部门必须在第一时间向调控机构报送原因，调控机构应对月度计划执行情况提出考核意见。

3.1.3.4　周计划管理

（1）项目管理单位每周三 12 时前，通过 PMS3.0 和 OMS 系统向调控机构申报下周计划。调控机构根据月度计划及批准的临时停电编制下下周计划，各相关专业会签后，于每周五发布下周计划。

（2）周计划申报时，如需间隔通知、设备异动申请单、施工检修方案、新设备送电计划申请单、设备图纸、参数、保护等相关资料，须准备齐全随计划一并申报，资料提供不完整，不予安排周计划。

3.1.3.5　日计划管理

（1）项目管理单位应按周计划安排，在开工前 2 个工作日，通过 PMS3.0 和 OMS 系统申报日停电计划。调控机构于计划执行的前 1 个工作日发布。

（2）周计划中没有列入的停送电项目，原则上在日计划中不予安排。已列入周计划，但无特殊原因未申报日计划的，本月内不再重复安排。对于涉及对外停电公告的计划严禁变更时间和工期。

（3）项目管理单位申报日计划时应将设备异动申请单（设备变更单）等相关资料作为附件一并提交，否则不予安排。

3.1.3.6　临时计划管理

（1）临时计划停（送）电原则上只安排涉及紧急事项的计划工作。临时计划停（送）电申报手续不全的不予受理。

（2）临时计划停（送）电原则上应全部纳入调度周计划管理，停（送）电时间以批准的调度日计划为准。

（3）临时停送电计划的申报由项目管理单位填写书面的临时计划停（送）电申请表，由设备运维单位、用户管理部门、设备管理部门、调控机构等部门负责人审核，报公司分管领导批准，履行审批手续后方可向调控机构报送计划。如因工作造成设备变更，还应同时提供设备异动申请单。

（4）临时停电的审批手续必须在申报停送电日前2个工作日办理完毕。须由设备运维单位、客户管理部门、设备管理部门、调控机构等部门负责人审核，报公司分管领导批准，履行审批手续后送达调控机构存档。

（5）同意安排的临时停电，在开工前2个工作日，由申报单位通过OMS系统进行申报。

（6）调控机构应及时受理并安排业扩报装类配电网停送电计划，对涉及其他用户停电的业扩报装类工作，应至少纳入周计划管理，满足停电公告时间要求。对不涉及其他用户停电的业扩报装类工作，可直接纳入日计划管理。

3.1.4　配电网计划执行

3.1.4.1　原则

（1）配电网设备检修按调度管辖范围实行统一的计划检修管理。

（2）重要设备检修或出现较复杂的运行方式时，应组织相关人员讨论分析，制订措施，做好事故预想。

（3）设备检修工作到期不能竣工者，申报单位应按工作票计划结束时间至少1h前向值班调控员提出延期申请，检修申请只能延期1次。

（4）设备检修工作应在预计竣工时间至少1h前向值班调控员预汇报，值班调控员应及时通知相关单位进行送电准备。

（5）设备检修工作由于某种原因开工延迟时，竣工时间仍以原计划为准，如不能按期竣工应办理延期手续。

（6）已批准的设备检修计划，如因天气原因或突发事件确定不能工作时，申报单位应在批准停电时间至少1h前向值班调控员提出取消申请，设备检修计划取消后值班调控员（当值调控员）应及时通知相关单位。

3.1.4.2　流程

执行设备检修计划时，工作负责人办理工作票，配调调度员根据计划将线路停运、许可工作票，工作结束后，恢复送电，提交计划。具体流程如图3-4所示。

3.1.5　遥控操作流程

配电自动化遥控操作流程图如图3-5所示。

（1）遥控操作时，需设备运维人员核对设备状态，检查设备无异常信号，断路器及终端在"远方（自动）"状态，具备遥控条件。

（2）核对设备操作前状态与配电自动化系统一致；若不一致，应立即停止遥控操作，并通知设备运维人员确认设备状态。

（3）遥控操作前，联系设备运维人员说明操作意图并让其远离设备。

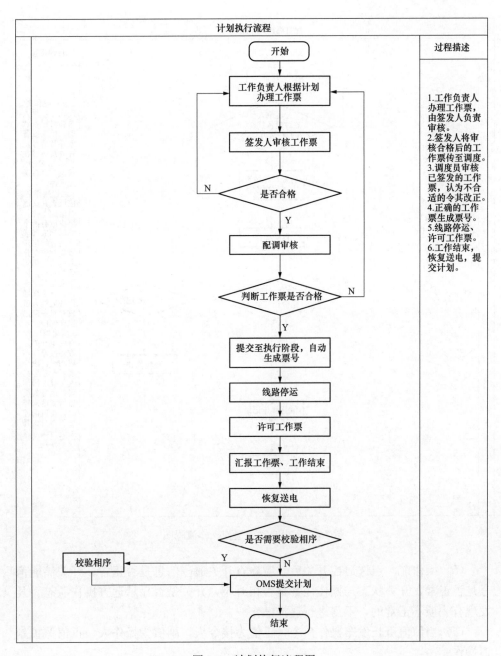

图 3-4 计划执行流程图

（4）由正值对副值下令遥控操作，值班长对正值下令和副值执行进行监护。

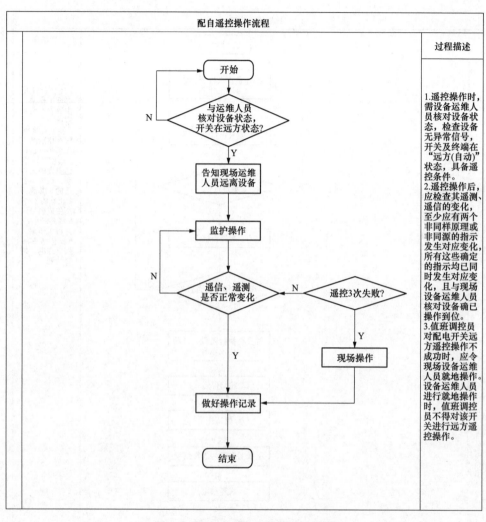

图 3-5　配电自动化遥控操作流程图

（5）操作前，点选遥控开关后，应检查开关遥测信息是否正常，开关储能信号是否正常，开关状态与操作任务是否相对应，开关是否显示远方操作状态，凡发现有一项不正常的，不得进行遥控操作。

（6）当值值班长发布操作命令，正值为接令人，副值为操作人，正值监护副值操作。

（7）操作时，监护人宣读操作开关的双重编号及操作内容，操作人复诵正确后，监护人宣读执行，操作人方可进行操作。操作完毕后，正值向值班长汇报指令操作完毕。

（8）遥控操作后，应检查其遥测、遥信的变化，至少应有两个非同样原理或非同源的指示发生对应变化，所有这些确定的指示均已同时发生对应变化且与现场设备运维人员核对设备确已操作到位。

（9）遥控操作后开关没有正常变位的，在确认不会对设备及人员造成危险时，可进行第二次遥控操作，再次操作需重复流程1～7。在操作完成后，在开关储能信号未显示正常时，不得进行第二次操作。

（10）值班调控员对配电开关远方遥控操作不成功时，应令现场设备运维人员就地操作。设备运维人员进行就地操作时，值班调控员不得对该开关进行远方遥控操作。

（11）对配电自动化开关遥控操作完成后，应做好相应记录。

🎤 3.2 系统运维业务规范

3.2.1 主站运维

（1）每日应检查主站系统运行环境、主服务器进程、系统主要功能、主要厂站图形及数据等运行情况，并填写自动化系统运行日志。

（2）配电自动化主站服务器应至少每周巡检1次。每月检查主服务器的硬盘及数据库剩余空间，统计分析CPU负载率，及时进行数据备份和空间清理。

（3）配电自动化主站系统前置服务器、SCADA服务器、通信服务器等每个季度进行1次人工切换。

（4）对新接入的终端设备信息进行整理，并记入台账。

（5）对新增及存量设备进行责任区定义。

（6）每日登录安全监测平台查看实时告警信息并进行处理。

（7）对光纤接入的终端设备进行IP划分，并登记在册。

（8）定期进行群预置操作，筛选遥控预置不成功终端明细，并反馈至二次运维人员。

3.2.2 图模维护

3.2.2.1 成图标准

（1）主站图形设备命名应满足《国调中心关于进一步完善配电网调度技术支持系统图形模型的通知》（调技〔2017〕54号）要求，做到命名规范、清晰、准确。

（2）主站图形应按《国调中心关于进一步完善配电网调度技术支持系统图形

模型的通知》（调技〔2017〕54号）规定的标准绘制，做到图元接线统一、实用、美观。

（3）单线图绘制应布局合理，拓扑关系正确，采用横平竖直的正交布局方式，线路与设备不能有交叉重叠，并优先保证主干线的布局。

（4）电缆单射网、双射网的开关站、环网柜等按级别高低从上到下进行排列，对射网、单环网、双环网应将电源点分别置于最上侧和最下侧，最上侧电源点所带开关站、环网柜等按级别高低从上到下进行排列，最下侧电源点所带开关站、环网柜等按级别高低从下到上进行排列。

（5）站房名称应放置于站房图上方居中位置；站房母线名称Ⅰ、Ⅱ母等母线按从左到右顺序依次布置；站房线路断路器名称应放置于线路右侧，如有遥测数据标签应放置于线路左侧；水平线路名称放置于线路上侧，竖直线路名称放置于线路右侧；10（6）kV变电站专用线路，应在线路名称后加"（专用）"标识。

（6）由开关站、联络环网柜等馈出的末端站房设备，应放置于本侧母线平行位置外侧依次排列；开关站、配电室、分支箱的主进断路器置于母线的电源侧；所有环网柜的主进和联络应放置在一侧，馈线放置在另外一侧。

（7）接线图样式分为系统图、站房图、环网图、单线图四种类型以满足配电网调控业务需求。站房图和环网图为调度控制业务的必备图形，系统图、单线图为调度控制业务的辅助图形。

（8）系统图是以变电站为单位，描述变电站之间配电线路联络关系的示意图形，仅包含配电联络线和联络开关站。通过系统图可快速定位到对应的环网图或单线图。

（9）系统图组成元素。变电站（母线用母联断路器分开，母线带简称）、联络线、简化站房等。

（10）站房图是以开关站为单位，描述开关站内部接线和电源间的联络关系，清晰反映站房内部的接线，直观展示站房联络关系的示意专题图形，站房图以间隔出线的电缆为边界。

（11）站房图组成元素。开关站站内开断类设备、母线、电压互感器、站内变压器、中压电缆、单（双）电源用户。

（12）环网图由两条或多条有联络关系的馈线主干部分组成，用于展示馈线环网主干的联络情况，仅包含所联络相关馈线主干线路上的调度管辖设备。开关站出线与变电站出线同等对待。

（13）环网图组成元素。变电站、环网柜、配电室、分支箱、母线、负荷开关、断路器、隔离开关、组合开关、架空线、电缆等多条馈线主干线上的设备。

（14）单线图以变电站的单条馈线为单位，描述从变电站/开关站出线到线路末端或线路联络开关之间的所有调度管辖设备。

（15）单线图组成元素。变电站/开关站母线、环网柜、开关站、配电室、箱式变电站、电缆分支箱、负荷开关、断路器、隔离开关、跌落式熔断器、组合开关、架空线、电缆、配电变压器、故障指示器及其杆塔等设备。

3.2.2.2 审图流程及标准

（1）审核工作根据系统运维班提供的名单，以变电站为单元依次开展，按"审核一张，接收一张"的原则稳步推进。如遇到平台技术问题，应优先保证联络干线的准确性。

（2）现场人员按核对清单，对同源系统中的模型及台账进行审核，应严格执行"图实相符"的审核标准，确保设备编号、联络关系与实际相符。在调阅配电自动化图模中产生任何疑问与建议，应及时与供电服务指挥中心系统运维班联系。

（3）现场审核无误后应定期更新图纸清册，加盖部门印章后统一发送电子版至供电服务指挥中心系统运维班邮箱，如遇到图实不符且短期内无法解决的问题，应一并在邮件中列表详细说明。系统运维班接收到邮件后，应在 1 个工作日内对相关图模进行更新和初审，合格后通知配调人员复审。

（4）供电服务指挥中心调配人员在复审过程中，发现与现场实际不符的情况时，应通知系统运维班，由系统运维人员统一汇总，并及时向同源系统审图人员反馈，直至图实相符，并由配调审核、签收。

（5）配调已接收的图模，双方应建立台账，正式纳入异动管理，以大馈线为单元，所有涉及此线路的异动（含各类计划及抢修异动），在修改同源系统数据时应有变更单支持，并在修改前将变更单传送至系统运维班邮箱。

3.2.2.3 图模异动管理

（1）计划工作引起的配电网设备异动流程如图 3-6 所示。

1）设备管理单位在申报调度日计划时，将配电网设备变更通知单、设备限值以附件形式上送，并至少在申报调度日计划前三个工作日按配电网图形规范标准在业务中台完成配电设备相关配电网图模的编辑维护、校对、审核、生成等工作。未按变更单在业务中台完成数据变更的，不予安排日计划。

2）业务中台数据异动完毕后，设备管理单位应通过业务中台将异动后的配电网图模同步至配电自动化主站，并告知系统运维班人员。

3）系统运维班人员负责在日计划执行前依据设备变更单对配电自动化红图图模审核。审核不通过，应及时联系设备管理单位在业务中台中进行修改完善。审核通过后，应在计划执行过程中完成配电自动化主站侧配电网接线图、模型及拓扑的审核，调整符合调度习惯的接线图布局。

31

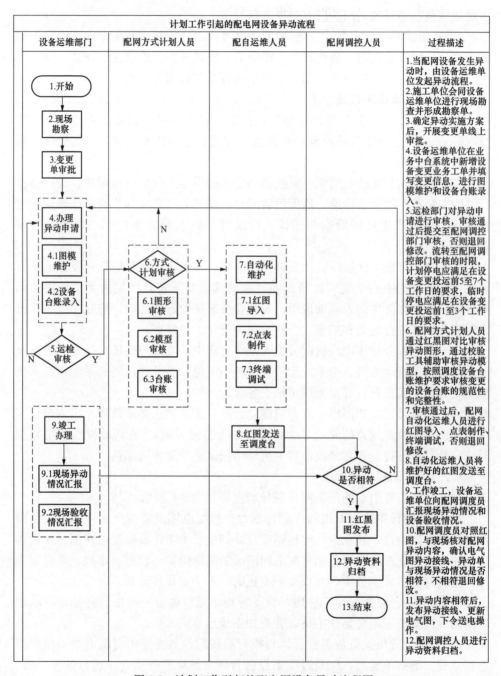

图 3-6　计划工作引起的配电网设备异动流程图

4）配电网调控人员应提前介入红图的审核预异动，审核过程中发现问题，系统运维班人员按配电网调控人员反馈意见重新调整修改。调控人员应在调度日计划执行过程中完成配电自动化主站侧黑图图模发布。

5）调度日计划因故取消，由调控人员通知系统运维班人员，将相关配电网图模退回至业务中台，由设备管理单位重新维护业务中台。

（2）故障抢修引起的配电网设备异动流程如图 3-7 所示。

1）抢修班组应在抢修结束后 1 天之内补报设备变更单，涉及调度管辖设备异动，应在抢修结束前向配调报备。

2）设备管理单位应同步按配电网图形规范标准，在业务中台完成配电设备相关配电网图模的编辑维护、校对、审核、生成等工作，同时通过业务中台将异动后的配电网图模同步至配电自动化主站。

3）系统运维班人员对配电网图模审核不通过，退回至业务中台，由设备管理单位应在 1 天之内完成图模的修改维护。

4）系统运维班人员应依据设备变更单，在接收到配电网图模异动申请当日，完成配电自动化主站侧配电网接线图、模型及拓扑的审核及符合调度习惯的布局调整工作。

（3）当业务中台接收配电自动化主站发送的图模维护通知时，应同时通过数据接口将通知转发至供电服务指挥平台，生成数据核查工单派发至设备运维部门，相关设备运维部门在业务中台进行图模维护工作，针对数据核查工单未及时处理等情况供电服务指挥平台可进行线上或短信督办。

（4）异动建模人员应在设备变更通知单送达 1 个工作日内完成业务中台、同源系统、GIS 系统的异动建模，录入（关联）公用变压器、专用变压器编号信息，并根据异动后地理接线图进行电气图预异动设计。对于已退运或被替换的设备应在业务中台中及时清理，避免引起设备 ID 及点号冲突。

（5）电气图必须体现配调管辖范围设备及电气一次接线、10kV 同杆架设、线路交叉跨越、故障指示器安装情况，标记联络线对侧设备名称。

（6）涉及业扩工程，异动建模人员应根据客户经理/项目负责人提供的异动资料，两个工作日内完成设备台账录入。

（7）因现场无法实施，工作负责人确需调整异动方案，应立即联系项目负责人和设备管辖单位共同确定，涉及配调管辖设备应立即汇报，并按配调要求尽快将修改的设备变更通知单在工作终结前送达配调，配调应在工作票终结时与工作负责人按变更后的异动情况进行核对。

（8）10kV 杆塔、开关站、环网柜、箱式变电站、分支箱等地理位置变更后，设备管辖单位应在异动完成后 1 个月之内完成同源系统、GIS 系统准确移位。

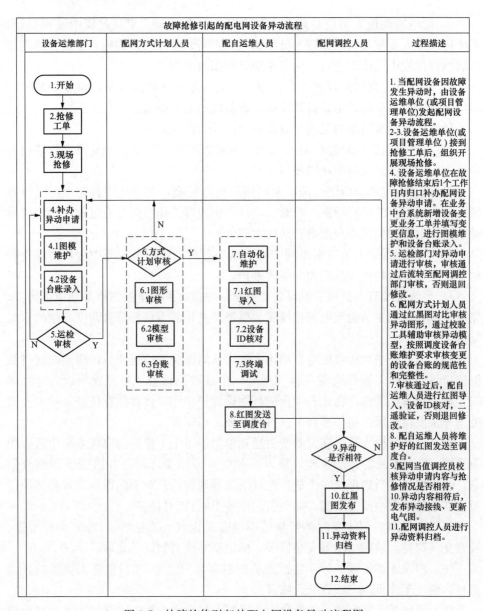

图 3-7　故障抢修引起的配电网设备异动流程图

3.2.3　终端联调

（1）现场设备在进行联调传动前应完成所有"三遥"信息验证工作。

（2）配电自动化改造工程在申报月度计划时，应增加"进行配电自动化三遥实传"工作内容，配电网调控专业进行审核。

（3）10kV断路器可传动到断路器测控装置，即能确认被遥断路器的唯一性，此时可不进行断路器实传验证。对于无法确认唯一性的断路器应进行实传验证。

（4）计划传动工作，在停电操作完毕后，由现场运维人员联系系统运维班人员，进行断路器实际传动。

（5）遥测传动要求。

1）开关站、分接箱功率方向应以流出母线方向为正，流入母线方向为负。联络线路潮流发生变化时，柱上断路器功率方向应能自动改变。

2）验收双方应互报显示的数据（原则上由现场人员先报），确认误差在允许范围内后方可通过，电流、电压、零序电流、有功无功值误差应在3%之内。

3）不同画面的同一遥测数据，应同时变化且变化一致。

（6）遥信传动要求。

1）每个遥信传动应包含"动作"和"复归"的完整过程。

2）遥信验收时，验收人员应同步检查告警窗、接线图画面、光字牌画面，各相关画面的遥信应同时发生相应变化，同时还应检查音响效果是否正确。

3）事故总信号应对相应间隔进行触发试验，保证任一间隔保护动作信号发出后，均能可靠触发事故总信号并传至配电自动化主站，并且在人工确认后能复归。

4）保护带断路器传动时，应核对事故总信号、告警铃声、保护光字、告警窗信息、重合闸动作、备自投动作、跳闸画面及策略推图，均正确后，方可通过。

（7）遥控传动要求。

1）未经传动过的断路器在正常运行时遥控压板全部在退出状态，断路器远方/就地把手在就地位置。传动合格后将遥控压板投入，把手切至远方位置。

2）遥控验收包括开关设备遥控、重合闸、备自投装置远方投退软压板以及保护装置远方切换定值区的验收。

3）停电条件下，每个开关遥控传动应包含"一合一分"的完整过程（先合后分，防止误控带电设备）。遥控软压板传动应包含"一投一退"的完整过程；切换保护装置定值区传动每套保护装置应至少完成一次定值区切换操作。

4）遥控操作应遵循"遥控选择，遥控返校，遥控执行"的流程。

（8）联调传动过程中，双方应按信息点表逐一进行传动，做好记录并签名。对传动不成功的点号及时进行整改，整改后仍不成功的应做好缺陷记录。

（9）系统运维班人员联调传动结束后应核对传动设备所有遥信点位均在复归位置，汇报配电网调控人员传动验收合格，并将传动点表存档。

（10）配网调控班在送电前需要得到工作负责人工作结束汇报、签发人/设备运维单位验收合格汇报以及系统运维班传动验收合格汇报等三方汇报，并核查保护定值无误、设备状态无误后进行遥控送电。首次遥控需现场人员确认开关状态后方可纳入配调"三遥"覆盖名单。

（11）原则上配电自动化传动工作未完成不得作为计划延期的原因，所有传动工作应在计划时间终结前 2h 结束，并将设备恢复至具备送电条件状态，未完成的工作不再开展，系统运维班与配调班应做好相关记录。

终端联调业务流程如图 3-8 所示。

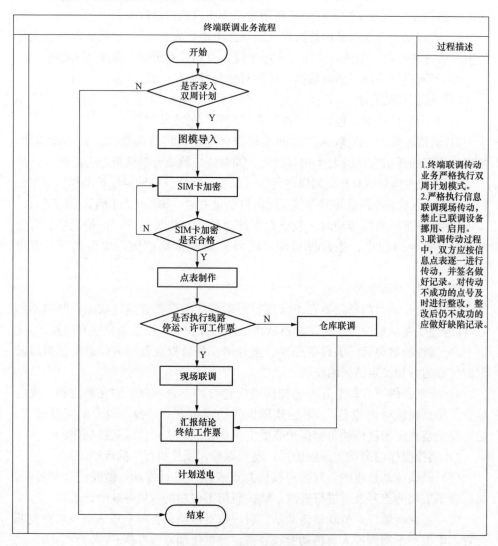

图 3-8　终端联调业务流程图

36

3.2.4 缺陷管理

3.2.4.1 管理规则

（1）配电自动化缺陷管理按"配电自动化缺陷稽查工单"实现缺陷闭环管理。

（2）供电服务指挥中心发起缺陷处置流程，对缺陷进行分类，发送至相应责任部门。

（3）相关责任部门在接到工单后，5 日之内向供电服务指挥中心反馈工单处理结果（包括缺陷原因、处理结果、处理时间）。

（4）于反馈已处理的工单，供电服务指挥中心负责验收，确定缺陷已处理完毕的由供电服务指挥中心办理工单终结，否则将工单退回责任部门继续处理。

3.2.4.2 缺陷分类

配电自动化系统缺陷分为三个等级——危急缺陷、严重缺陷和一般缺陷。

（1）危急缺陷。是指威胁人身或设备安全，严重影响设备运行、使用寿命及可能造成自动化系统失效，危及电力系统安全、稳定和经济运行，必须立即进行处理的缺陷，主要包括：

1）配电自动化主站（含子站）故障停用或主要监控功能失效。

2）调度台全部监控工作站故障停用。

3）配电自动化主站（含子站）专用 UPS 电源故障。

4）配电自动化通信系统子站侧设备故障，引起大面积开关站通信中断。

5）自动化装置［配电自动化终端、通信通道、配电自动化主站（含子站）］发生误动。

（2）严重缺陷。是指对设备功能、使用寿命及系统正常运行有一定影响或可能发展成为危急缺陷，但允许其带缺陷继续运行或动态跟踪一段时间，必须限期安排进行处理的缺陷，主要包括：

1）配电自动化主站（含子站）重要功能失效或异常。

2）遥控拒动异常。

3）对调控员监控、判断有影响的重要遥测量、遥信量故障。

4）配电自动化主站（含子站）核心设备单机停用、单网运行、单电源运行。

（3）一般缺陷。是指对人身和设备无威胁，对设备功能及系统稳定运行没有立即、明显的影响且不至于发展成为严重缺陷，应结合检修计划尽快处理的缺陷，主要包括：

1）配电自动化主站（含子站）除核心主机外的其他设备的单网运行。

2）一般遥测量、遥信量故障。

3）其他一般缺陷。

3.2.4.3 缺陷处理时限

（1）危急缺陷。发生此类缺陷时运行维护部门必须在 24h 内消除缺陷。

（2）严重缺陷。发生此类缺陷时运行维护部门必须在 5 日内消除缺陷。

（3）一般缺陷。发生此类缺陷时运行维护部门应列入检修计划尽快处理。

（4）当缺陷威胁到其他系统或一次设备正常运行时，必须在第一时间采取有效的安全技术措施进行隔离；缺陷消除前，设备运行维护部门应对该设备加强监视，防止缺陷升级。

3.3 服务指挥业务规范

3.3.1 供电服务指挥平台介绍

3.3.1.1 功能概述

供电服务指挥平台是对 95598 投诉、举报（行风问题线索移交）、意见（建议）、故障报修、业务申请、查询咨询等各类工单进行处理和反馈处理情况的功能集合，实现 95598 全业务工单统一在供电服务指挥平台中流转、派单和处理，具备停电信息上报、抢修资源配置、工单环节监控预警、用电信息查询、短信管理等基础业务功能。

3.3.1.2 功能分类

供电服务指挥平台包含业务办理、客户诉求运营、主动服务运营、停电全景管控、供电可靠性、营配业务协同、配调运营监测、服务质量管控、配置中心管控九大模块。常用的功能模块为业务办理、客户诉求运营、主动服务运营、停电全景管控。

3.3.1.3 业务办理操作流程

登录供电服务指挥平台后，点击【业务办理】—【待办工作项】进入待办工作项页面（见图 3-9）。

3.3.2 95598 诉求业务流程

95598 客户诉求业务包括投诉、举报（行风问题线索移交）、意见（建议）、故障报修、业务申请、查询咨询。

3.3.2.1 故障报修

1. 定义

故障报修业务是指客户通过 95598 电话、95598 网站、在线服务、微信公众

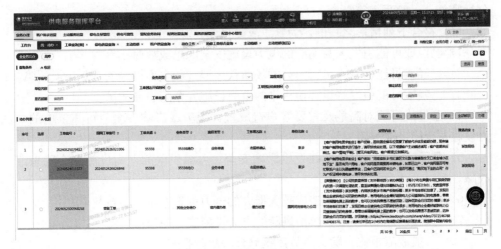

图 3-9　待办工作项页面

号等渠道反映的故障停电、电能质量、充电设施故障或存在安全隐患须紧急处理的电力设施故障诉求业务。

2. 类型

故障报修类型分为高压故障、低压故障、电能质量故障、非电力故障、计量故障、充电设施故障六类。

（1）高压故障。是指电力系统中高压电气设备（电压等级在 1kV 以上者）的故障，主要包括高压线路、高压变电设备故障等。

（2）低压故障。是指电力系统低压电气设备（电压等级在 1kV 及以下者）的故障，主要包括低压线路、进户装置、低压公共设备等。

（3）电能质量故障。是指由于供电电压偏差或波动导致用电设备无法正常工作的故障，主要包括电压高、电压低、电压波动等。

（4）非电力故障。是指供电企业产权的供电设施损坏但暂时不影响运行、非供电企业产权的电力设备设施发生故障、非电力设施发生故障等情况，主要包括客户误报、紧急消缺、第三方资产（非电力设施）、客户内部故障等。

（5）计量故障。是指计量设备、用电采集设备故障，主要包括高压计量设备、低压计量设备、用电信息采集设备故障等。

（6）充电设施故障。是指充电设施无法正常使用或存在安全隐患等情况，主要包括充电桩故障、设备损坏等。

3. 分级

根据客户报修故障的重要程度、停电影响范围、危害程度等将故障报修业务分为紧急、一般两个等级。

（1）符合下列情形之一的，为紧急故障报修：

1）已经或可能引发人身伤亡的电力设施安全隐患或故障。

2）已经或可能引发人员密集公共场所秩序混乱的电力设施安全隐患或故障。

3）已经或可能引发严重环境污染的电力设施安全隐患或故障。

4）已经或可能对高危及重要客户造成重大损失或影响安全、可靠供电的电力设施安全隐患或故障。

5）重要活动电力保障期间发生影响安全、可靠供电的电力设施安全隐患或故障。

6）已经或可能在经济上造成较大损失的电力设施安全隐患或故障。

7）已经或可能引发服务舆情风险的电力设施安全隐患或故障。

（2）一般故障报修：除紧急故障报修外的故障报修。

4. 流程

（1）报修受理。国家电网北中心受理客户故障报修、紧急非抢修类业务，详细记录客户故障报修的用电地址（充电站地址）、客户姓名、客户编号（充电设备编号、充电卡号等）、联系方式、故障现象、客户感知等信息。客户挂断电话或会话结束后 2min 内，客服专员应根据客户的诉求及故障分级标准选择故障报修等级，生成故障报修工单。

（2）工单派发。国家电网北中心按客户报修故障地址的归属地，直派至市供电公司或县供电公司抢修站点（供电所）"豫电助手"，对于无法自动接派或错派的工单须在 3min 内及时研判并手动派发至对应抢修站点（供电所）的"豫电助手"；对于非本地区错派等符合退单条件的工单，直接回退至国家电网北中心或转派至工单所属地区。

（3）故障处理：

1）到达现场。市、县供电公司抢修站点或供电所人员通过"豫电助手"接单，在规定时间内到达现场。抢修人员到达故障现场时限应符合：城区范围一般为 45min，农村地区一般为 90min，特殊边远地区一般为 120min。

2）现场处理。经现场核实后，具备现场抢修条件的，由现场人员进行故障处理；不具备现场抢修条件的：①在停电信息录入范围之内的（计划/故障/临停），现场人员采取现场或电话的方式对客户进行解释安抚；②属欠费停电类的，现场人员直接与抄表人员落实情况，并协商处理；③属电能质量、高压故障类，现场人员将现场故障情况汇报至所属供电部（所）进行后续处理；④属非电力故障类（第三方产权/客户内部资产），现场人员告知客户非供电公司产权，须由第三方或客户自行处理。在故障工单处理期间，因客户对停电时间长未处理等服务隐患而衍生出的故障催办工单，由服务指挥班人员将信息及时传递至对应抢修站点，抢修站点与客户联系沟通后，反馈沟通结果至服务指挥班，服务指挥班按模板进行工单回复。

（4）反馈结果。市、县供电公司抢修站点/供电所工作人员处理完毕后，通过"豫电助手"反馈现场真实故障情况、客户满意度及佐证材料，对于客户不认可或有服务隐患的，由抢修站点（供电所）工作人员汇报至所属供电部/所进行后续处理。

（5）工单审核。市、县供电公司服务指挥班人员在 PC 端将抢修站点/供电所工作人员反馈的现场情况按工单模板要求规范填写，并审核后提交至国家电网北中心。

（6）工单回访。国家电网北中心审核无误后对客户进行回访。

（7）工单归档。故障工单在回访结束后 24h 内完成归档工作。

3.3.2.2　投诉

1. 定义

供电服务投诉是指公司经营区域内（含控股、代管营业区）的电力客户，在供电服务、营业业务、停送电、供电质量、电网建设等方面，对由于供电企业责任导致其权益受损表达不满，在法定诉讼时效期限内，要求维护其权益而提出的诉求业务（以下简称"客户投诉"）。

2. 类型

客户投诉包括服务投诉、营业投诉、停送电投诉、供电质量投诉、电网建设投诉五类。

（1）服务投诉。是指供电企业员工（不含抢修、施工人员）在工作场所或工作过程中服务行为不规范引发的客户投诉，主要包括服务态度、服务规范等方面。

（2）营业投诉。是指供电企业在处理具体营业业务过程中存在工作超时限、疏忽、差错等引发的客户投诉，主要包括业扩报装、用电变更、抄表催费、电费电价、电能计量、业务收费等方面。

（3）停送电投诉。是指供电企业在停送电管理、现场抢修服务等过程中发生服务差错引发的客户投诉，主要包括停送电信息公告、停电问题、抢修服务等方面。

（4）供电质量投诉。是指供电企业向客户输送的电能长期存在频繁停电、电压偏差、电压不平衡、电压波动或闪变等供电质量问题，影响客户正常生产生活秩序引发的客户投诉，主要包括电压质量、供电可靠性等方面。

（5）电网建设投诉。是指供电企业在电网建设（含施工行为）过程中存在农网改造违规收费、电力施工不规范等问题引发的客户投诉，主要包括供电设施、电力施工人员服务行为等方面。

3. 判定场景

客户在人工服务通话（会话）中明确表达不满，严重影响客户体验且诉求符合投诉判定要点的，派发投诉工单。

触碰供电服务"十项承诺"、员工服务"十个不准"等红线问题，派发投诉工单。涉及接受客户吃请和收受客户礼品、礼金、有价证券等客户诉求派发行风问题线索移交工单。

4. 流程

（1）投诉受理。客户通过95598电话反映供电服务、营业业务、停送电、供电质量、电网建设等方面符合投诉下派的场景，国家电网北中心受理客户投诉时，初步了解客户投诉的原因，安抚客户，做好解释工作，详细记录客户所属区域、姓名、联系电话、投诉内容、客户编号（"e充电"账号、充电卡号等）、是否要求回复（回访）等信息，在客户挂断电话后20min内完成工单填写、审核、生成投诉工单。

（2）工单派发。国家电网北中心下派工单至省营销服务中心，经研判所属市供电公司的工单，省营销服务中心值班长将工单派至市供电公司服务指挥班，服务指挥班在30min内派至对应的供电部；对于所属县供电公司的工单，省营销服务中心值班长将工单派至对应的县供电公司。

（3）投诉处理。处理部门（供电部及各县供电公司）在24h内联系客户，并在系统内点选首次联系时间。在调查处理过程中如涉及多个部门/专业，由属地处理单位自行联系相关部门/专业配合处理，如存在沟通处理不畅，供电服务指挥中心负责协助协调；如出现不合理诉求、个人恩怨、信贷诈骗等情况，服务指挥班做好预警提醒及重要服务事项报备的支撑工作。

（4）回单时限。市供电公司要求在3个工作日内进行回复，如供电部/县供电公司未在规定时限内回复，服务指挥班在国家电网时限（4个工作日）到期前4个工作小时通过发送预警信息，同时短信通知责任单位相关领导，避免工单超期影响业务指标。

（5）工单提交。供电部/县供电公司将调查处理情况按工单回复模板要求〔工单回复要点：投诉属实性（需点选所属专业）、是否供电公司责任（属实，需点选"单位/个人责任"）、调查过程、相关佐证材料及客户满意度〕准确填写工单并提交至服务指挥班。

（6）市供电公司审核。市供电公司服务指挥班根据工单受理内容，按工单回复模板要求，对回复内容中涉及的客户诉求回复完整性、佐证材料、停电信息、重要服务事项报备等逐一审核查验，审核无误后提交至省营销服务中心值班长。

(7) 省电力公司审核。省营销服务中心值班长再次审核无误后提交至国家电网北中心。

(8) 工单回访。国家电网北中心审核并回访客户，如实记录客户意见和满意度评价，客户明确提出不需回复（回访）及外部渠道转办诉求中无联系方式的工单，不进行回复（回访）。

(9) 工单归档。投诉工单归档完结。

3.3.2.3　意见（建议）

(1) 定义。意见（建议）是指客户对供电企业在供电服务、供电业务、停送电问题、供电质量问题、电网建设、充电服务、充电设施建设等方面存在意见或建议而提出的诉求业务。

(2) 流程。

1) 工单受理。客户通过 95598 电话等渠道反映供电服务、供电业务、供电质量问题等方面的诉求业务，生成国家电网意见工单。

2) 工单派发。国家电网北中心下派工单至省营销服务中心，经研判所属市供电公司的工单，省营销服务中心值班长将工单派至市供电公司服务指挥班，服务指挥班在 30min 内派至对应的供电部；对于所属县供电公司的工单，省营销服务中心值班长将工单派至对应的县供电公司。

3) 工单处理。处理部门（供电部及各县供电公司）在规定的时限内调查处理，在调查处理过程中如涉及多个部门/专业，由属地处理单位自行联系相关部门/专业配合处理，如存在沟通处理不畅，由供电服务指挥中心负责协助协调；如出现不合理诉求、个人恩怨、信贷诈骗等情况，服务指挥班做好预警提醒及重要服务事项报备的支撑工作。

在意见工单处理期间，因客户对诉求未及时联系处理等服务隐患而产生的催办工单，由服务指挥班人员将信息及时传递至对应供电部/县供电公司，供电部/县供电公司及时与客户联系沟通，做好客户的解释安抚工作，避免发生舆情事件，影响业务指标。

回单时限：市供电公司要求在 7 个工作日内进行回复，如供电部/县供电公司未在规定时限内回复，服务指挥班在国家电网时限（9 个工作日）到期前 4 个工作小时发送预警信息，同时短信通知责任单位相关领导，避免工单超期影响业务指标。

对于错派工单，供电部/县供电公司发起变更责任主体申请说明，服务指挥班做好供电单位责任主体台账记录，并传递至省营销服务中心值班长，以便支撑供电部/县供电公司核减工单量，提升相关业务指标。

4）工单提交。供电部/县供电公司将调查处理情况按工单回复模板要求（工单回复要点：工单属实性、是否供电公司责任、调查过程、相关佐证材料及客户满意度）准确填写工单并提交至服务指挥班。

5）市供电公司审核。市供电公司服务指挥班根据工单受理内容，按工单回复模板要求，对回复内容中涉及的客户信息、停电信息、重要服务事项报备等逐一审核查验，审核无误后提交至省营销服务中心值班长。

6）省电力公司审核。省营销服务中心值班长再次审核无误后提交至国家电网北中心。

7）工单回访。国家电网北中心审核并回访客户。

8）工单归档。意见工单归档完结。

3.3.2.4 业务申请

（1）定义。业务申请是指客户向供电企业提出业务办理申请，或需协助、配合开展现场服务的诉求业务，主要包括新装增容及用电变更申请、用电信息变更、用电异常核实等。

（2）分类。具体包括电能表异常、电能表数据异常、校验电能表业务、电器损坏核损、欠费复电登记、办电预受理业务等。

（3）流程。

1）工单受理。客户通过95598电话、"我要找电工"微信小程序、网上国网95598公众号等渠道提出用电信息变更等业务办理申请，生成业务申请工单。

2）工单派发。国家电网北中心按客户所属区域直派至市供电公司或县供电公司，市供电公司需再次派发至所属供电部。

3）工单处理。处理部门（供电部及各县供电公司）在规定的时限内调查处理，并按模板要求回填点选，特别注意电器损坏核损24h内点选到达现场，欠费复电登记在24h内现场恢复送电。

4）工单审核。县供电公司工单由县供电公司审核后提交国家电网北中心；市供电公司工单由供电部提交、市供电公司服务指挥班审核后提交国家电网北中心。

5）工单回访。国家电网北中心审核并回访客户。

6）工单归档。业务申请工单归档完结。

3.3.2.5 查询咨询

（1）定义。查询咨询是指客户对各类供电服务信息、业务办理情况、电力常识等问题的自助查询及业务询问，对供电企业在供电服务等方面提出的表扬，以及通过线上渠道申请办理的业扩报装、用电变更等诉求业务。

（2）分类。具体包括客户咨询及表扬业务。

（3）流程。

1）工单受理。客户通过 95598 电话、"我要找电工"微信小程序、网上国网 95598 公众号等渠道咨询停电信息、用户信息等或反映表扬事件，生成查询咨询工单。

2）工单派发。国家电网北中心按客户所属区域直派至市供电公司或县供电公司，市供电公司需再次派发至所属供电部。

3）工单处理。处理部门（供电部及各县供电公司）在规定的时限内调查处理，并按模板要求回填工单回复。

4）工单审核。因直派原因，县供电公司工单由县供电公司审核后提交国家电网北中心；市供电公司工单由供电部提交、市供电公司服务指挥班审核后提交国家电网北中心。

5）工单回访。国家电网北中心审核无误后对客户进行回访。

6）工单归档。查询咨询工单归档完结。

3.3.2.6 举报

（1）定义。举报（行风问题线索移交）是指客户对供电企业内部存在的徇私舞弊、吃拿卡要等行为或外部人员存在的窃电、破坏和偷窃电力设施等违法行为进行检举的诉求业务，主要包括行风问题线索移交、窃电、违约用电、破坏和偷盗电力设施等。

（2）类型。具体包含行风廉政、窃电、违约用电、破坏及危及电力设施、盗窃电力设施等业务。

（3）流程。

1）工单受理。客户通过 95598 电话、"我要找电工"、网上国网 95598 公众号等渠道举报存在窃电、行风廉政问题等事件，生成举报工单。

2）工单派发。国家电网北中心按客户所属区域直派至市供电公司或县供电公司，市供电公司需再次派发至所属供电部。

3）工单处理。处理部门（供电部及各县供电公司）在 9 个工作日内调查处理，并按模板要求回填处理结果提交至市供电公司服务指挥班。

4）工单审核。市县工单经市供电公司服务指挥班审核后提交至国家电网北中心。

5）工单回访。国家电网北中心审核无误后对客户进行回访。

6）工单归档。举报工单归档完结。

3.3.3 95598 工单处理

3.3.3.1 工单填写通用规范

（1）业务处理部门工单答复内容，应意见明确、真实完整、言简意赅，紧密围绕客户诉求逐一开展答复。对于非国网直供客户，应注明客户属趸售、控股、代管等信息，并告知具体故障处理单位或部门。

（2）故障报修工单现场抢修记录应对故障处理过程进行简要描述，不应以"已处理""已转部门处理"等形式回复。

（3）投诉、举报工单属实性选择，不应出现属实性与工单回复内容相违背；不得应以"客户已撤诉""客户要求撤诉""客户取消举报""客户举报不实"等形式简单回复。对于客户反映问题真实存在，属实性选择应为"是"。

（4）意见、建议、咨询转出工单，工单回复应将客户反映涉及的问题给予全面、详细、准确答复，包括处理时间、处理经过、处理依据、处理方案、处理人员等内容，有政策依据的需予以提供给相关文件支撑。

3.3.3.2 业务回复（回访）退单标准

1. 回复工单内容审核标准

客服专员在回访（回复）工作开始前，应结合工单受理内容，对工单回复内容进行审核，工单答复内容应意见明确、真实完整、言简意赅，紧密围绕客户诉求逐一开展答复。对于存在工单填写不规范、回复结果未对客户诉求逐一答复、回复结果违反有关政策法规等情况应填写退单原因后将工单回退至工单提交部门，具体要求如下：

（1）故障报修工单处理情况中未明确电力故障原因、处理结果，仅以"已处理""已转××部门处理"等内容进行简单回复的。

（2）工单回复内容未针对客户反映的问题进行答复或答复不全面，缺乏具体处理方案、时间节点等关键要素的（对于非国网直供客户，属地公司应协助注明客户是否趸售、控股代管等信息，并告知具体故障处理单位或部门，不注明不作为退单原因）。

（3）工单回复内容对客户提出的诉求表述不清楚、逻辑不对应的。

（4）工单回复内容未注明与客户沟通解释情况，缺乏与客户联系时间、联系途径、联系人等关键要素的。

（5）应提供而未提供相关诉求处理依据的（如有政策依据的需予以提供给相关文件支撑）。

（6）工单回复内容明显违背公司相关规定，不符合法律法规、行业规范等相关要求的。

（7）属实性选项或责任归属与回复内容不一致的（如"处理信息"中为"不属实"选项，回单内容中却存在客户反映问题真实存在描述；或明显存在供电单位责任却以"非供电单位责任"选项回复）。

2. 回复退单标准

客服专员对工单受理内容审核完毕后，应将核心业务内容回复（回访）客户，对于出现工单填写内容与回复（回访）客户结果不一致且基层单位未提供有效证明材料或客户对基层单位提供证明材料有异议的，客户要求合理的，应将工单回退至工单提交部门。具体情况如下：

（1）客户表述内容与承办部门回复内容不一致且未提供支撑说明。

（2）承办部门强迫客户撤诉，须回退工单重新调查。

（3）故障情况或客户需要配合处理问题已解决，但客户表述内容与承办部门回复内容不一致，须回退工单重新按实际情况填写。

（4）加强回单质量审核，做到工单应退要退。聚焦"问题是否彻底解决"回访前，客服专员对回单质量进行审核，发现客户反映问题未解决的，工单处理不完善的，都应回退工单，包括以下情况：

1）未解决或未制订计划解决客户反映问题，包括回单仅描述问题现象、原因，未对发现问题进行处理，或未制订具体整改措施等。

2）制订的解决方案或措施不具体，无详细改造时间的。

3）回单内容对客户反映问题答复不全面的。

4）回单内容与回访时客户表述情况不符的。

5）处理单位未联系客户，未向客户沟通解释处理结果的（除匿名、保密工单）。

6）回单内容违背公司相关规定，或相关内容表述不清、逻辑混乱的。

7）其他经审核应回退的。

（5）回访环节客户提出衍生诉求的规定。原工单相关的衍生诉求，工单回复中已明确答复但客户不认可的，予以解释办结；工单回复中未明确答复且经解释安抚后，客户坚持要求反映的，予以退单处理；客户提出与原工单无关的新诉求，按业务规则重新派发非投诉工单。

补充规定：按专业管理原则，故障报修回访环节产生赔偿类、设备位置类衍生诉求，派发新工单；其他场景需要派发新工单的，报备国家电网北中心同意后统一执行。

3.3.3.3 工单回复模板

1. 投诉工单回复模板

（1）投诉工单回复模板（不含频繁停电）。

1）投诉属实。

【投诉属实】属××（营业、智能用电、用检、农电、供电指挥、运检、配电网建设、建设施工、调控、发展）专业责任/属电力公司原因、开发商或物业原因、客户原因。

①调查过程：××年××月××日××时××分首次联系客户。【确定个人/单位责任】【客户户号：××××】经××部门/班组××（工作人员姓名）通过××电话/现场与客户联系并调查处理，客户反映情况确实存在，造成该情况的原因是：××。

②调查结论及采取措施：通过上述调查，此投诉确实属实，已采取××措施，解决客户问题。

③考核处理：根据《××规定》，经××部门研究，对××责任人做出以下考核处理：××。

④客户意见：××部门××（工作人员姓名），通过电话××于×月×日××：××与××客户电话××（如不是投诉本人，则描述与投诉人关系、电话）联系解释/现场与客户解释，客户表示××（满意/不满意、认可/不认可、不评价）。

2）投诉不属实。【投诉不属实】属××（营业、智能用电、用检、农电、供电指挥、运检、配电网建设、建设施工、调控、发展）专业投诉/属电力公司原因、开发商或物业原因、客户原因。

①调查过程：××年××月××日××时××分首次联系客户。【客户户号：××××】经××部门/班组××（工作人员姓名）通过××电话/现场与客户联系并调查处理，实际情况：××。

②客户意见：××部门××（工作人员姓名），通过电话××于×月×日××：××与××客户电话××（如不是投诉本人，则描述与投诉人关系、电话）联系解释/现场与客户解释，客户表示××（满意/不满意、认可/不认可、不评价）。

3）约时处理（问题确实存在，但短期不能彻底解决）。【投诉属实】【约时处理】属××（营业、智能用电、用检、农电、供电指挥、运检、配电网建设、建设施工、调控、发展）专业责任/属电力公司原因、开发商或物业原因、客户原因。

①调查过程：××年××月××日××时××分首次联系客户。【确定个人/单位责任】【客户户号：××××】经××部门/班组××（工作人员姓名）通过××电话/现场与客户联系并调查处理，客户反映情况确实存在，造成该情况的原因是：××。

②约时原因：因××××，该问题暂时不能彻底解决。

③采取措施：目前已采取××措施，临时解决客户问题，该问题由××领导（职位）挂牌督办，预计××年××月××日彻底处理完成。

④考核处理：根据《××××规定》，经××部门研究，对××责任人做出以下考核处理：××。

⑤客户意见：××部门××（工作人员姓名），通过电话××于×月×日××：××与××客户电话××（如不是投诉本人，则描述与投诉人关系、电话）联系解释/现场与客户解释，客户表示××（满意/不满意、认可/不认可、不评价）。

（2）投诉频繁停电工单回复模板

1）投诉属实。【投诉属实】属××（营业、智能用电、用检、农电、供电指挥、运检、配电网建设、建设施工、调控、发展）专业责任/属电力公司原因、开发商或物业原因、客户原因。

①调查过程：××年××月××日××时××分首次联系客户。【确定个人/单位责任】【客户编号：××××】经××部门/班组××（工作人员姓名）通过××电话/现场与客户联系并调查处理，客户反映情况确实存在，实际共××次停电，其中××次高压故障因××、××（填写故障原因）导致；××次低压故障因××、××（填写故障原因）导致；××次检修消缺计划停电；××配电网改造施工停电；××次业扩报装工程停电，××次欠费停电，××次业务原因停电。

②调查结论及原因分析：【调查结论】此投诉确实属实，客户所属台区编号××××（或专用变压器用户编号××××）。

【原因分析】要求明确各专业职能部门的管理原因及专业责任（由供电服务指挥中心牵头，在接到投诉工单两个工作日内，组织运检、营销、调控、配网办、发展、基建、设计等相关专业，针对每起属实频繁停电投诉召开分析会，按电网设备事件分析制度，确定相关专业责任、处理意见及改进措施）。

③处理意见：以本单位现有的考核文件为依据，并与上述原因分析相对应。

④客户意见：××部门××［工作人员姓名，通过电话××于×月×日××：××与××客户电话××（如不是投诉本人，则描述与投诉人关系、电话）联系解释/现场与客户解释，客户表示xx（满意/不满意、认可/不认可、不评价］。

2）投诉不属实。【投诉不属实】属××（营业、智能用电、用检、农电、供电指挥、运检、配电网建设、建设施工、调控、发展）专业投诉/属电力公司原因、开发商或物业原因、客户原因。

①调查过程：××年××月××日××时××分首次联系客户。【客户户号：××××】经××部门/班组××（工作人员姓名）通过××电话/现场与客户联系并调查处理，实际情况：××。客户所属台区编号××××（或专用变压

器用户编号××××)。

②客户意见：××部门××（工作人员姓名），通过电话××于×月×日××：××与××客户电话××（如不是投诉本人，则描述与投诉人关系、电话）联系解释/现场与客户解释，客户表示××（满意/不满意、认可/不认可、不评价）。

3）约时处理（问题确实存在，但短期不能彻底解决）。【投诉属实】【约时处理】属××（营业、智能用电、用检、农电、供电指挥、运检、配电网建设、建设施工、调控、发展）专业责任/属电力公司原因、开发商或物业原因、客户原因。

①调查过程：××年××月××日××时××分首次联系客户。【确定个人/单位责任】【客户户号：××××】经××部门/班组××（工作人员姓名）通过××电话/现场与客户联系并调查处理，客户反映情况确实存在（最近两个月，客户累计停电×次，供电责任停电×次，非供电责任停电×次。说明每次停电的原因。如果有发布停电信息，须罗列涉及的停电信息编号及停电类型。）造成该情况的原因是：××（停电原因分析）。

②约时原因：因××，该问题暂时不能彻底解决，客户所属台区编号×××（或专用变压器用户编号××××）。

③采取措施：目前已采取××措施，临时解决客户问题，该问题由××领导（职位）挂牌督办，预计××年××月××日彻底处理完成。

④考核处理：根据《××规定》，经××部门研究，对××责任人做出以下考核处理：××。

⑤客户意见：××部门××（工作人员姓名），通过电话××于×月×日××：××与××客户电话××（如不是投诉本人，则描述与投诉人关系、电话）联系解释/现场与客户解释，客户表示××（满意/不满意、认可/不认可、不评价）。

2. 举报工单回复模板

(1) 举报属实。

①调查过程：【××市××区】【客户户号：××××】××部门/班组××（工作人员姓名），通过电话××于×月×日××：××与××先生/女士电话××（如不是举报本人，则描述与举报人关系、电话）联系（如涉及客户匿名保密，可在调查过程后直接填写：因客户匿名/保密，无法与客户取得联系，不涉及不填写此内容）。经××部门/班组××（工作人员姓名）（现场查处窃电的用电检查员人数不得少于两人）调查处理，客户反映情况确实存在，造成该情况的原因是：××（需详细描述查处过程和窃电情况）。

②调查结论及采取措施：通过上述调查，此举报确实属实，已采取××措施，解决客户问题。

③客户意见：××部门××（工作人员姓名），通过电话××于×月×日××：××与××先生/女士电话××（如不是举报本人，则描述与投诉人关系、电话）联系解释/现场与客户解释，客户表示××（满意/不满意、认可/不认可、不评价）。（如涉及客户匿名保密，客户意见直接填写：因客户匿名/保密，无法取得客户意见，不涉及不填写此内容）。

④考核处理：根据《××规定》，经××部门研究，对××责任人做出以下考核处理：××。

（2）举报不属实。

①调查过程：【客户户号：××××】××部门/班组××（工作人员姓名），通过电话××于×月×日××：××与××先生/女士电话××（如不是举报本人则描述与举报人关系，电话）联系（如涉及客户匿名保密，可在调查过程后直接填写：因客户匿名/保密，无法与客户取得联系，不涉及不填写此内容）。经××部门/班组××（工作人员姓名）（现场查处窃电的用电检查员人数不得少于两人）调查处理，实际情况：××（需详细描述查处过程和未窃电情况）。

②客户意见：××部门××（工作人员姓名），通过电话××于×月×日××：××与××先生/女士电话××（如不是举报本人，则描述与举报人关系、电话）联系解释/现场与客户解释，客户表示××（满意/不满意、认可/不认可、不评价）。（如涉及客户匿名保密，客户意见直接填写：因客户匿名/保密，无法取得客户意见，不涉及不填写此内容。）

（3）约时处理（问题确实存在【举报属实】，但短期不能彻底解决【约时处理】）。

①调查过程：【客户户号：××××】××部门/班组××（工作人员姓名），通过电话×××于×月×日××：××与××先生/女士电话××（如不是举报本人，则描述与举报人关系、电话）联系（如涉及客户匿名保密，可在调查过程后直接填写：因客户匿名/保密，无法与客户取得联系，不涉及不填写此内容）。经××部门/班组××（工作人员姓名）（现场查处窃电的用电检查员人数不得少于两人）调查处理，客户反映情况确实存在，造成该情况的原因是：××（需详细描述查处过程和窃电情况）。

②约时原因：因××，该问题暂时不能彻底解决。

③采取措施：目前已采取××措施，临时解决客户问题，该问题由××领导（职位）挂牌督办，预计××年××月××日彻底处理完成。

④客户意见：××部门××（工作人员姓名），通过电话××于×月×

日××：××与××先生/女士电话××（如不是举报本人，则描述与举报人关系、电话）联系解释/现场与客户解释，客户表示××（满意/不满意、认可/不认可、不评价）。如涉及客户匿名保密，客户意见直接填写：因客户匿名/保密，无法取得客户意见，不涉及不填写此内容。

⑤考核处理：根据《××规定》，经××部门研究，对××责任人做出以下考核处理：××。

3.查询咨询、意见（建议）、业务申请工单回复模板

（1）处理完毕。

①调查过程：【客户户号：××××】经××部门/班组××（工作人员姓名）于×月×日××：××调查处理，实际情况是：××，已采取××措施解决客户问题。

②客户意见：××部门××（工作人员姓名），通过电话××于×月×日××：××与××先生/女士电话××联系解释/现场与客户解释，客户表示××（满意/不满意、认可/不认可、不评价）。

（2）约时处理。

①调查过程：【客户户号：××××】经××部门/班组××（工作人员姓名）于×月×日××：××调查处理，实际情况是：××。

②约时原因：因××，该问题暂时不能彻底解决。

③采取措施：目前已采取××措施，临时解决客户问题，该问题由××领导（职位）挂牌督办，预计××年××月××日彻底处理完成。

④客户意见：××部门××（工作人员姓名），通过电话××于×月×日××：××与××先生/女士电话××联系解释/现场与客户解释，客户表示××（满意/不满意、认可/不认可、不评价）。

（3）业务申请中电器核损工单回复模板。

1）供电公司责任。

①调查过程：【客户户号：×××】××部门/班组××（工作人员姓名）于×月×日××：××到达现场，经调查处理：因××，导致客户××电器烧坏，已××（采取的措施），客户问题已解决。

如需转保险公司处理须写明：供电公司已于×月×日将相关资料转交保险公司，由其进行理赔，预计在×月×日前处理完毕，保险公司联系人：××，联系电话：××。

②客户意见：××部门××（工作人员姓名），通过电话×××于×月×日××：××与××先生/女士电话××联系解释/现场与客户解释，客户表示××（满意/不满意、认可/不认可、不评价）。

2）非供电公司责任。

①调查过程：【客户户号：××××】××部门/班组××（工作人员姓名）于×月×日××：××到达现场，经核实：因××，导致客户电器烧坏，非供电公司责任造成，供电公司不承担赔偿责任（若为第三方，注明"建议联系第三方进行协商处理/供电公司目前正在协调处理"，写明处理进度）。

②客户意见：××部门××（工作人员姓名），通过电话××于×月×日××：××与××先生/女士电话××联系解释/现场与客户解释，客户表示××（满意/不满意、认可/不认可、不评价）。

（4）业务申请中欠费复电工单回复模板。

1）欠费复电。

①调查过程：【客户户号：×××】调查处理时间【×年×月×日××时××分】经××部门/班组××（工作人员姓名）核实：该客户为欠费停电，客户已交纳电费，现于【×年×月×日××时××分】恢复送电。

②客户意见：××部门××（工作人员姓名），通过电话××于×月×日××：××与××先生/女士电话××联系解释/现场与客户解释，客户表示××（满意/不满意、认可/不认可、不评价）。

2）非欠费复电。

①调查过程：【客户户号：××××】调查处理时间【×年×月×日××时××分】经××部门/班组××（工作人员姓名）核实：该客户为××停电。

②客户意见：××部门××（工作人员姓名），通过电话××于×月×日××：××与××先生/女士电话××联系解释/现场与客户解释，客户表示××（满意/不满意、认可/不认可、不评价）。

4. 故障报修工单回复模板

（1）属于供电公司产权。【客户户号：××××】××部门/班组××（工作人员姓名）于×月×日××：××到达现场，经核实停电原因××，已于/预计×月×日××：××恢复供电。通过电话/短信/现场与客户解释，客户表示××（满意/不满意、认可/不认可、不评价）。

（2）非供电公司产权。【客户户号：××××】××部门/班组××（工作人员姓名）通过电话××/现场与客户联系，核实到××现象（请填写判断非供电公司产权故障的依据），判断属于客户/××产权，非供电公司维护范围。经与客户解释，客户表示××（满意/不满意、认可/不认可、不评价）。

（3）计划/临时停电派发工单。【客户户号：××××】经××部门/班组××（工作人员姓名）核实，客户反映的为计划/临时/故障停电（停电信息编号：××）。通过电话/短信/现场与客户解释，客户表示××（满意/不满意、认

53

可/不认可、不评价）。

3.3.4 主动工单处理

3.3.4.1 主动抢修工单

（1）定义。"主动抢修"主要通过用电信息采集等系统对停电信息进行监测、研判，将停电事件比对分析后发送给抢修平台，主动生成工单，实现超前抢修，将传统的"产生故障—用户报修—抢修通知—消除故障"被动抢修模式，转变成"产生故障—平台预警—抢修通知—消除故障"的新抢修模式，达到减少故障报修工单、提高抢修效率和质量的目的。

（2）流程。

1）生成主抢工单。供电服务指挥平台的【主动抢修】模块推送停上电事件后，服务指挥班将停上电事件转化为主动抢修工单。

2）派发主抢工单。服务指挥班派发主动抢修工单至抢修站点，对于生成的抢修工单应全量下派，杜绝在未处理环节进行合并和忽略处理。

3）传递停电信息。服务指挥班将信息同步传递至配调班核实，根据配调班反馈信息，在供电服务指挥平台内对前期录入的故障停电信息进行精确维护，并推送客户短信。

4）现场处理反馈。现场办结完毕后反馈服务指挥班，在供电服务指挥平台上提交归档，所有主动抢修工单须在5h内办结完毕。

3.3.4.2 主动检修工单

（1）工作流程。供电服务指挥平台根据系统监测的配电变压器异常事件生成异常工单，供电服务指挥中心值班人员根据区域划分下派主动检修工单至所属供电部，由供电部相关班组处理人员通过"豫电助手"终端线上接单处置，现场处理人员应根据现场实际情况回复工单，对于已治理完毕的可直接回复工单、审核归档，对于7个工作日内不能完成治理的应约时处理。

（2）处理时限。主动检修工单应在1个工作日内派发至所属供电部，供电部现场处理人员可通过运维管理措施治理的，在5个工作日内治理完毕回复工单，现场处理人员通过"豫电助手"回复现场处理情况，供电部工单处理人员按工作处理要求进行规范填写，审核后于2个工作日内提交工单（从异常数据生成至归档总时限为7个工作日）。

7个工作日内无法处理完毕的设备异常，填写"整改计划""整改完成情况"及"约时完成时间"，工单归档类别选择"约时处理"，归档工单（此时系统同步生产1条约时工单在待办工作项），在约定时间内完成处理。

针对"约时处理"的工单，一般不超过2个月，最多不超过60个工作日。

　　选择"约时处理"的工单需在约定时限内处理并办结约时工单,否则同样视为超时工单。系统对约时处理工单设有超时前 72h 标红预警提示。

　　约时处理工单办结时需填写实际完成时间,如之前填写的处理信息有误,此时仍能修改;同时修改后的信息将同步更新原归档的主动检修工单。

　　凡涉及已提报项目改造的异常设备,需上传项目需求申请或项目批复文件的相关佐证材料(附件上传至检修工单处理信息下方)。

　　(3)工单处理要求。主动检修工单应按下发模板填写,并对回复内容准确性和规范性负责。

　　"整改计划"填写计划安排项目类别和负责部门。

　　"整改完成情况"填写目前的整改进度(如已上报改造计划、已安排建设改造项目、项目已批复未施工完毕等)。

　　"异常是否准确"应根据现场设备实际情况选择,若选择"否",需填写"误报说明"(如经现场核实 A、B、C 三相具体电压值××、××、××,三相不平衡情况属系统误报)。

　　"运行异常原因"填写造成设备异常的原因分析(如台区供电半径过长、台区负荷增长较快、台区低压线路线径较细等原因)。

　　"检修处置方案"填写整改计划,写明计划安排项目类别(如配电网工程、技改大修等)和负责部门(如运维检修部、发展策划部、配网部等)。

　　"开始处理时间"填写检修人员到达现场后开始处理异常的时间。

　　"约时完成时间"填写预计设备异常处理完毕时间。

　　"实际完成时间"填写设备异常情况实际治理完成的时间,若选择约时处理,"实际完成时间"需在约时工单中填写。

3.3.5　省内督办工单处理

3.3.5.1　分类
包含舆情催办、敏感事件、省内退单、客户红线诉求督办等业务。

3.3.5.2　红线诉求
(1)督办原则。按国网河南省电力公司 2024 年营销类客户红线诉求(意见)分类,结合工单录音和受理内容,对符合画定红线业务分类范围(涉及营销、生产、建设三大领域 8 个一级分类、17 个二级分类、37 个三级分类)的下发督办工单。

　　红线诉求分类以外的工单,如客户诉求中有以下情况也下发红线督办工单:客户反映内容中存在收费问题的;客户反映内容中存在工作人员服务态度不好的;客户反映内容中提到"多次反映此问题但仍未解决",有越级反映倾向的。

　　(2)处置要求。各市供电公司落实调查主体责任,4 个工作日办结督办工单，提交红线诉求调查报告（要求经市供电公司营销部主任签字、加盖营销部公章），针对受理内容中的各项问题，应在报告中逐一描述调查情况，调查内容应客观、真实、逻辑严谨，避免出现前后表述不一致等问题。

责任单位回复客户反映问题不属实的，应在督办单回复时，增加营业厅视频、行为记录仪、网格电话录音等事前佐证，如不能提供，视为事前管控措施缺失。责任单位回复确认存在管理问题的，应在调查报告中提出具体的、针对性较强的整改措施，明确整改时间、整改责任人员、预计整改成效等。

（3）处置流程。省营销服务中心通过供电服务指挥平台下发红线诉求督办工单，市供电公司服务指挥班根据客户诉求描述，研判所属县供电公司或供电部，发至县供电公司或供电部进行调查落实，落实后将工单回复内容反馈至市供电公司服务指挥班，市供电公司服务指挥班审核无误后回填系统并提交至省电力公司，省电力公司审核无误后归档。

3.3.6　电力保供个案处理

（1）定义。"电力保供个案停电督办工单"是针对停电超 5h 的千户小区和敏感民生用户，在发送停电预警短信的同时，通过集约管控平台派发线上督办工单至各单位，工单同步贯通至供电服务指挥平台。

（2）操作流程。点击【应急响应】—【待办工单】，在【待办工单】选择"个案停电督办"可看到待处理工单。

（3）工单转派/接单。

1）工单接单。点击"处理"按钮，工单流转至"工单处理"环节，本级人员对工单进行直接处理。

2）工单转派。点击"转派"按钮，按明细单位转派至下级单位进行处理，若工单转派到最末级（供电所一级），则不能再转派，只能选择"处理"操作。

（4）工单处理。市供电公司处理：由市供电公司处理的工单，提交工单时系统自动研判"处理信息（1h 回复）—是否停电、是否已送电"结果，若未停电或停电已送电，工单归档；若停电未送电，工单流转至"送电情况"环节，该环节处理人需对工单进行"处理信息（2h 回复）"操作。

处理人根据现场核实情况反馈停电信息，工单处理完成后提交，根据工单处理结果流转至"工单审核"环节或归档。

（5）工单审核。市供电公司根据工单处理环节回复的送电情况将工单归档或流转至"送电情况"环节。

若审核"不通过"，工单回退至"工单处理"环节，责任人或责任部门可在处理环节查看审核记录，处理人根据审核意见修改处理信息后可再次提交至工单审核环节。

（6）送电情况。"送电情况"环节由市供电公司具有处理权限的人回复工单信息。

此环节提交工单时系统自动研判"处理信息（2h 回复）—是否已送电"结果，如果为"否"（未送电），工单不能归档，继续流转至"送电情况"环节，需进行"处理信息（4h 回复）"，若一直未送电，以此类推进行多轮回复，每轮回复展示前几轮回复结果，直至"是否已送电"回复结果是"是"（已送电），此环节提交后工单归档。

（7）工单查询。点击【应急响应】—【工单查询】，查询个案停电督办工单信息，点击工单编号可查看工单详情信息及下一环节处理人信息。

3.3.7　客户诉求预受理处理

3.3.7.1　功能概述

台区经理虚拟号在手机端挂断客户来电后，通过接口将来电记录、通话录音及录音转换后的文字结果等信息推送至供电服务指挥平台，供电服务指挥中心人员查看客户诉求或听取录音内容，进行客户诉求的研判，下派工单。

3.3.7.2　操作流程

通过【业务办理】进入【客户诉求预受理】界面，选择需要调听的录音，点击"发起工单"按钮，弹出"业务受理"页面，系统根据用户联系电话自动关联用户信息（如手机号关联多个用户，可下拉选择用户编号，展示相应用户信息）。

供电服务指挥中心人员根据预受理内容或听取录音，进行客户诉求的研判，需要下派的工单，填写类型、诉求等信息，进行派单处理；不需要下派的工单，简单描述客户诉求并办结归档。

3.3.8　外部渠道工单处理

3.3.8.1　12398 工单

线下 12398 工单全量录入国家电网业务支持系统，处理流程同 95598 国家电网工单。

3.3.8.2　12345 工单

目前，各地市供电公司基本实现 12345 全量工单录入 95598 业务支持系统并线上流转，同时按地方政府 12345 业务分类和处理时限要求，建立 12345 转办问题全流程线上管控机制，对工单闭环处理，保证服务质量。

各地市使用平台和工单时限管控可能会略有差异，以下对其中一种典型管控模式进行介绍。

（1）平台功能。登录 12345 平台，在待接收界面接收工单。

接收工单后会在待反馈页面里显示该工单，选中其中一条点击办理，每个工单都有回单时限要求。

接收工单后，对于涉及紧急类及抢修类业务，自建故障工单派发至相应的抢修站点进行处理，流程时限同国家电网故障工单；对于涉及非抢修类工单，自建 12345 工单表，派至对应的供电部处理，回单后将结果上报至 12345 平台。将带 ＊号的必填项按要求填写完毕后，点击上报。

（2）接派流程。在 12345 平台上 3min 内接单，为了工单内部规范化管控，通过自建形式，在供电服务指挥平台内进行工单流转（10min 内派发，对于临期工单在到期前 4 个工作小时进行催办，工单审核归档），并同步短信通知相关人员。

（3）回单审核要求。对于处理部门回复的工单内容，按 12345 回复模板进行审核，对于不符合要求，退回处理部门重新处理。

（4）预警机制。根据 12345 下派的类型及客户诉求，对于投诉工单及敏感类事件在工单派发后，电话通知处理部门并进行预警提醒。

（5）工单延期。若工单不能按时完成，可向 12345 平台申请延期，将延期至什么时间，延期原因填写完毕，点击申请延期，延期理由充分，内容填写清楚，并在限办时间当日上午 12 点前进行申请。第一次申请延期时长最多为 5 个工作日，第二次申请延期时长最多为 2 个工作日。紧急类、特急类工单原则上不允许延期，无特殊原因不允许二次申请延期。

鼓励各单位积极贯通 12345 政务热线平台与公司相关信息系统，实现诉求工单自动导入。

3.3.9 业扩质检处理

3.3.9.1 回访流程

质检工单派发步骤为：【服务质量管控】—【业扩工单质检】—【质检工单派发】。

回访步骤如下：

（1）【服务质量管控】—【业扩工单质检】—【质检工单执行】，选中"回访工单"，点击右上角的"执行质检"键即可。

（2）系统自动跳转到【回访客户信息】，点击"拨打"键即可呼出，按相应话术回访后，根据客户意见选中是否回访成功，填写客户满意度并归档。

（3）如回访失败，按回访要求，回访客户 3 次，每次间隔 2h，回访时间应选择在工作时间，以免影响客户生活。

（4）对于回访三次失败或客户不愿接受回访的进行短信回访。

3.3.9.2 回访要求

（1）业扩质检回访严格按省营销服务中心下发的业扩回访话术进行。

（2）业扩回访根据工单中"环节名称"按对应的话术进行回访，而不是按"业务类型"进行回访。

（3）工单中环节名称为"已归档"的按终止工单话术进行回访。

（4）所有工单都要询问客户满意度。

3.3.9.3 业扩报装诊断问题分类

1. 未执行办电"零门槛"

（1）未推行零证预约办电，未执行容缺办理，未上门服务。

（2）柜台直接办理业务的未一证受理、免填单。

（3）能柜台直接办电的，而要求预约办电。

（4）同省异地不办理业务。

（5）未按规定收取办电资料［客户申请新装用电，只需提供用电主体证明、产权证明，特殊行业用户（指高耗能、高危及重要客户）另需提供政府部门批复、核准或备案文件外，供电企业不得再收取或代收取其他资料］。

2. 限报拒报

（1）未执行"先接入、后改造"。

（2）拒绝受理办电业务（各类办电渠道）。

3. 由于自身责任造成客户重复跑趟

（1）未提供免费邮寄服务。

（2）要求客户重复跑趟。

4. 投资界面执行不到位

（1）办电过程乱收费，私设项目收费，收取设计审查、中间检查、竣工验收专家费用等。

（2）对投资分界有异议，电网投资不到位，由于自身责任造成客户重复投资。

5. 线下流转

（1）系统与现场实际时间偏差。

（2）违规批量新装。

（3）办理时间逻辑不对，前后倒置。

（4）客户表示未到回访的当前环节。

6. 其他违反业扩报装"十项禁令"

（1）为客户指定设计、施工、供货单位。

（2）未执行"一口负责、一办到底"。

（3）未执行"先接入、后改造"。

（4）推诿拖延、超时办理业务。

（5）私自增设业务环节或审查、检验事项。

7. 预约申请确认未主动联系客户

提交预约申请后未主动联系客户执行确认流程。

8. 基础信息错误

（1）客户联系电话错误。

（2）用户名称错误。

（3）行业分类与现场不一致。

9. 其他

（1）不受理原因与客户表述不一致。

（2）客户表示未申请。

3.3.9.4 质检督办派发流程

（1）回访客户时，出现违规行为按分类点选一级分类、二级分类，根据客户的地址选择"诊断单位"，然后点击"发起督办"。

（2）回访的质检工单在备注里标注已派发质检督办，工单点保存，归档。

（3）处理部门处理完毕后，提交工单至供电服务指挥平台【统一待办】，点开进行二次回访，并归档。

3.3.10 重要服务事项报备

3.3.10.1 定义

重要服务事项是指在供用电过程中，因不可抗力、配合政府工作、系统改造升级等原因，可能给客户用电带来影响的事项或因客户不合理诉求可能给供电服务工作造成影响的事项。

3.3.10.2 报备范围和类型

（1）第一类报备：配合政府停限电。配合军事机构、司法机关、县级及以上政府机构工作，需要采取停限电或限制接电等措施影响供电服务的事项，包括安全维稳、房屋拆迁、污染治理、产业结构调整、非法生产治理、紧急避险等对电力客户中止供电或限制接电的事项，以及地市级及以上政府批准执行的有序用电（需求响应）等。

（2）第二类报备：系统升级、改造。因系统升级、改造无法为客户提供正常服务，对供电服务造成较大影响的事项，包括营销业务应用系统、"网上国网"、网上营业厅、充电设施大面积离线、"e充电"App异常等面向客户服务的平台及第三方支付平台。

(3) 第三类报备：自然灾害。因地震、泥石流、洪水灾害、龙卷风、山体滑坡、森林火灾，以及经县级及以上气象台、政府机关部门发布的符合应用级别的预警恶劣天气造成较大范围停电、供电营业厅或第三方服务网点等服务中断、无法及时到达服务现场，对供电服务有较大影响的事项（预警恶劣天气类型见附表）。

(4) 第四类报备：个体重要事项（最终答复）。供电公司确已按相关规定答复处理，但客户诉求仍超出国家有关规定的，对供电服务有较大影响的最终答复事项，包括青苗赔偿（含占地赔偿、线下树苗砍伐）、停电损失、家电赔偿、建筑物（构筑物）损坏引发经济纠纷，或充电过程中发生的车辆及财物赔偿等各类赔偿事件引发的纠纷；因触电、电力施工、电力设施安全隐患等引发的伤残或死亡事件；因醉酒、精神异常、限制民事行为能力的人提出无理要求；因供电公司电力设施（如杆塔、线路、变压器、计量装置、分支箱、充电桩等）的安装位置、安全距离、施工受阻、噪声、计量装置校验结果和电磁辐射引发纠纷，非供电公司产权设备引发纠纷；因员工信贷问题、已进入司法程序或对司法判决结果不认可引发的纠纷问题。

(5) 第五类报备：恶意投诉。因私人问题引起的经济纠纷、个人恩怨、用户不满处罚结果，可能引起的恶意投诉事项。

(6) 第六类报备。新业务报备。

3.3.10.3 报备流程

第三类自然灾害报备，由市、县供电公司直接发布应用，其他报备按以下流程管理：

1. 发起

(1) 区（县）公司范围内的重要服务事项由责任单位填写《重要服务事项报备表》，在供电服务指挥平台中发起提交至市供电公司服务指挥班审核。

(2) 区（县）公司范围内的重要服务事项由责任单位在系统中发起，地市范围内的重要服务事项由地市供电公司供电服务指挥中心发起。

(3) 省电力公司范围内的重要服务事项原则上由省营销服务中心发起、审核、发布。

2. 审核

地市供电公司供电服务指挥中心负责本市重要服务事项审核，对不符合报备管理规定的，回退至属地单位或部门；对符合管理规定的，提交地市供电公司专业管理部门审批。

3. 审批

地市供电公司营销部、设备（运检）部、建设部等专业管理部门负责本市重要服务事项审核，符合管理规定的发布使用；对不符合报备管理规定的，回退至地市供电公司供电服务指挥中心。

4. 使用

（1）国家电网北中心要组织客服专员在填写报备相关工单的用户编号、联系电话或客户地址时，与报备的重要服务事项相关联，精确至市（县）级，并在业务受理页面警示提醒。

（2）当客户诉求与报备范围第一类到第三类的重要服务事项对应时，应按以下标准派单：

1）属于投诉场景，符合报备范围与影响投诉子类时，原则上做好客户解释并以查询咨询工单办结。

2）涉及频繁停电投诉时，根据掉电记录核减影响时间段内的所有停电，掉电记录查询失败且客户表述不清或报备影响时间不能完整覆盖停电时间时，按报备数量核减。

3）不属于投诉场景但符合报备范围的，原则上做好客户解释并以查询咨询工单办结。

4）客户诉求超出重要服务事项报备范围，或与影响投诉子类不相符的，按相应业务分类标准派单。

（3）当客户诉求与报备范围第四类的重要服务事项对应时，符合报备范围且与影响投诉子类相符的，做好客户服务解释工作并以查询、咨询工单办结，不再派发新工单，其中信贷类问题客户反映人员与报备人员相符的，即认定为符合报备范围。超出报备范围或与影响投诉子类不符的，客户反映投诉诉求时，降级派发意见（建议）工单；反映其他诉求时，按相应业务分类标准派单。

（4）当客户诉求与报备范围第五类的重要服务事项对应时，符合报备范围且属于投诉场景的不派发投诉工单，按客户诉求降级派发意见（建议）工单；不属于投诉场景的，原则上以查询、咨询工单办结。超出报备范围的，按相应业务分类标准派单。

（5）对于配合军事机构、司法机关、县级及以上政府机构工作，采取停限电或限制接电等措施影响供电服务的重要服务事项报备，报备的事件发生时间根据军事机构、司法机关、政府支撑材料中工作开展的具体时间确定，无工作开展具体时间的，以支撑材料落款时间为事件发生时间。

（6）对于经县级及以上气象台、县级政府部门发布符合应用级别的预警恶劣天气的紧急重要服务事项报备，由发起单位选择预警中预计恶劣天气开始后24h

内的任一时点为应用时限开始时点，按不同预警级别执行应用时限。

（7）国家电网北中心对应用报备解释办结的工单，应通过系统传递给市县供电公司，属地单位应加强分析，形成问题闭环，做好服务风险防控。

5. 下线

针对已结束的报备事项，系统按截止有效时限自动完成报备下线。

3.3.10.4　报备内容

（1）重要服务事项报备内容应包括：申请单位、申报区域、事件类型、事件发生时间、影响结束时间、申请人联系方式、上报内容、应对话术及相关支撑附件。客户资料颗粒度应尽量细化，原则上除了报备范围第三类的重要服务事项以外，均需要在影响范围中录入客户明细（客户户名、用户编号、详细地址或联系方式），其中涉及整台区业务的，应通过营销业务应用系统推送客户资料。

（2）报备内容中应简述问题处理过程，如起因、事件发展过程、联系客户处理结果等。

（3）报备内容中应包含国家电网北中心受理客户诉求时的参考话术，采用一问一答的形式，问答需涵盖报备事项要点，答复用语文明规范。

（4）附件提供的相关支撑材料应包括重要服务事项的相关证明文件或照片。

（5）报备的起止时间必须准确，配合政府停限电以文件通知期限为准，最终答复事项应结合实际确定，但最长均不超过 6 个月，其余重要服务事项时间跨度原则上不应超过 3 个月，超过需再次报备。

（6）重要服务事项报备起止时间原则上应精确至小时。

3.3.10.5　其他要求

（1）重要服务事项报备实施影响客户数总量控制，当年各省报备范围第四类、第五类影响客户总数不得超过年初省电力公司客户总数的千分之五。

（2）各级审核单位应在 2 个工作日内完成重要服务事项报备的审核工作。报备范围第一类中的有序用电（需求侧响应）限电、紧急避险，以及报备范围第三类中的地震、泥石流等自然灾害的重要服务事项，在非工作时间可先发起报备流程，1 个工作日内完成有关证明材料补充。

（3）地市供电公司应严格审核报备事项及材料质量，确保报备事项客观真实、资料准确翔实。

（4）国家电网北中心客服专员根据报备材料答复客户，造成的不满意评价和对内投诉可剔除。

（5）国家电网北中心对所有使用报备事项受理的工单须在系统中标记并加强质检，国网营销部将进行抽查。

（6）省电力公司营销部加强重要服务事项报备质量监督，组织营销服务中心开展质检，原则上报备范围第三类的重要服务事项发布后 1 个工作日内完成合格性标记，其余报备发布后 5 个工作日内完成合格性标记，对于报备事项不符合规范要求的，在系统中标记"不合格"并停止使用。

（7）国网营销部组织对各单位报备情况开展不定期抽查，每发现一件虚假报备事项，计为一件投诉。

3.3.11 知识库

3.3.11.1 知识定义

供电服务知识是为支撑 95598 供电服务、充电服务及电 e 宝服务，规范、高效解决客户诉求，从有关法律法规、政策文件、业务标准、技术规范中归纳、提炼形成的服务信息集成，以及为提升 95598 供电服务人员的业务和技能水平所需的支撑材料。

3.3.11.2 遵循原则

供电服务知识管理应遵循"统一管理、分级负责、及时更新、持续改善"的原则，主要内容包括：知识采集发布、知识下线、分析与完善。

3.3.11.3 知识来源

（1）知识来源范围。知识信息来源分为国家及公司总部范围、中心范围、南（北）分中心范围、省（市）电力公司范围、地市（县）供电企业范围、产业单位范围等。

国家及公司总部范围：全国性的法律法规、政策文件、业务标准、技术规范、服务承诺等。

中心范围：中心制订的服务规范、作业指导书、操作手册、标准话术、95598 客户服务中的经验总结等。

南（北）分中心范围：南（北）分中心制订的操作手册、管理规范等。

省（市）电力公司范围：全省范围的政策法规、文件制度、业务标准、技术规范、特色服务、电网建设等。

地市（县）供电公司范围：市及县范围的政策文件、业务标准、技术规范、营销服务、电网建设等。

产业单位范围：国网电动汽车公司、国网电商公司等产业单位范围的政策文件、业务标准、技术规范、营销服务、电网建设等。

（2）工单处理支撑需求。省电力公司和市、县供电公司在供电服务过程中，如发现有部分工单是对本单位某一电力知识有相同或类似的疑问，可收集相关知识报送知识库，用于支撑国家电网北中心客服专员答复客户诉求，减少工单下发量。

例：某市采暖季期间，部分煤改电客户反映电采暖消费券无法使用，经核查，由该市冬季清洁取暖工作领导小组统一对当年采暖季每户免费发放的实名"电采暖消费券"，该电采暖优惠券非供电公司发放，供电公司未收到该市冬季清洁取暖工作领导小组的优惠券使用通知，随后对此问题进行知识采集及报送入库，使客服专员能在第一时间内解决客户此类问题，减少了工单派发。

3.3.11.4 知识采集发布

（1）知识发起。根据知识来源分别由国家电网北中心、各省营销服务中心、国家电动汽车公司、国网电商公司作为主体发起知识报送工作，工作要求按知识采集发起单位的要求办理。

国家及公司总部、国家电网北中心范围知识由国家电网北中心在知识库系统内发起"知识采集"流程。

省电力公司和地市、县供电公司范围知识，原则上由省侧知识采编员在知识库系统内及时发起"知识采集"流程。

（2）知识采集。地市供电公司在实际工作中因突发事件可能对供电服务造成影响的业务，若知识库里有相关标问，可直接更新知识内容；若无相关标问，需先与国家电网北中心知识库专员沟通，地市供电公司需提供加盖公章的事件情况说明（包含起止时间、原因、事件情况、影响范围等）。

（3）知识编辑、审核。新增的标问审核通过后，省营销服务中心采编员协助地市采编员对相关内容进行知识采编、修改发送国家电网北中心知识专员进行知识审核。

各地市的政策文件与全省范围内的政策文件执行不一致时，需地市供电公司与省电力公司相关专业处室进行沟通，专业处室同意后以内网邮箱形式将相关知识发送至省营销服务中心知识库专责邮箱，由省营销服务中心采编员对相关内容进行知识采编并录入知识库。

（4）知识发布。国家电网北中心在收到上报的知识后1个工作日内完成知识规范性审核及发布，对规范性不符合要求的，将知识采集工单回退再次采集。知识采集工单规范性审核时发现内容存在问题的，应将工单回退至提交部门重新编辑。

3.3.11.5 操作流程

（1）系统功能简介。知识库网址：http：//10.90.124.59：18050/kbase/std/index.jsp。在登录界面中，输入用户名、密码和验证码，登录知识库系统。

（2）智能知识库概述。智能知识库是以知识的业务属性以及逻辑关系作为划分类别与层级关系的依据，基于树状层级架构分类归纳众多知识条目，构建知识库数据基本架构，从而形成知识分类管理的体系标准。由标准答案、标准问题、知识条目、篇章、实例、知识分类目录等内容自下而上搭建形成 7 层树状知识目录式框架结构，其中一级知识分类目录 11 个（电价政策、电费管理、营业业务、综合支撑、电子渠道、供用电管理、停电及报修、电能计量、电力系统、电动汽车、规章制度）、二级知识分类 137 个、三级知识分类 338 个、四级知识分类 244、实例 2108 个。

其中实例是指若干知识条目基于业务关联关系属性的最基本集合，围绕客户服务触点以及单一业务场景，对具有共同属性的多个知识条目进行归纳，是多个知识条目间基本关联属性的标签，从而明确知识分类模块基本要素。

标准问题是指为全网省统一的知识问题，不可修改。

标准答案是指对一个标准问题下知识内容的集合进行合并，形成规范性、模板化的统一答案，对于差异化的业务点以不同维度进行区别。

维度是指根据省（市）知识点的业务差异性通过地域维度进行体现。

3.3.12　电网检修信息报送规范

3.3.12.1　电网检修信息分类

检修信息类型包括生产类检修信息和营销类停送电信息。生产类检修信息包括计划检修、临时检修、其他检修、故障抢修；营销类停送电信息包括欠费、违约用电、窃电、表箱（计）作业。

（1）计划、临时检修停电是指因电网基建、电网检修、业扩工程等作业需要，对电网侧设备进行停电操作，从而引起客户侧停电的情形。

（2）其他检修停电是指因紧急消缺、紧急救援等需要，对电网侧设备进行停电操作，从而引起客户侧停电的情形。

（3）故障抢修停电是指因自然灾害、外力破坏、供电设备故障等原因，引起客户侧停电的情形。

（4）表箱（计）作业停电是指因批量更换、改造表箱、表计作业需要，对电网侧设备进行停电，从而引起客户侧停电的情形。

3.3.12.2　报送内容

检修信息内容包括供电单位、停电类型、停电信息状态、变电站名称、线路名称、公（专）用变压器名称、停电开始时间、停电结束时间、停电区域、停电设备信息、停电地址信息、停电原因、影响高危及重要用户说明、信息发布告知渠道、昼停夜送信息、停电客户清单、调电（倒负荷）信息、发电车（机）接入退出信息、电压等级、送电进程信息等。各项报送内容具体为：

（1）供电单位。停电信息报送的省、市、县级供电单位。

（2）停电类型。按引起停电的业务分类进行填写，包括计划检修、临时检修、其他检修、故障抢修、表箱（计）作业检修。

（3）停电信息状态。分有效和失效两类。

（4）变电站名称。停电设备所属的变电站名称。

（5）线路名称。停电涉及的线路名称。

（6）公（专）用变压器名称。停电涉及公用变压器、专用变压器名称。

（7）停电开始时间。

（8）停电结束时间。停电工作结束预计或恢复供电的时间。

（9）停电区域。停电涉及的供电设备信息，包括停电线路名称、起止杆号或受影响的台区名称，不得出现村、社区等地理位置字段。

（10）停电设备信息。停电涉及的供电设施（设备）情况，即停电的供电设施名称、供电设施编号、变压器属性（公用变压器/专用变压器）等信息。

（11）停电地址信息。停电影响的客户详细地址信息。

（12）停电原因。指引发停电的原因，可为结构化内容、结构化加文本组合方式（系统改造，结构化原因设置可参考附件1）。

（13）影响高危及重要用户说明。检修影响的高危及重要客户编号和名称等信息。

（14）信息发布告知渠道。检修信息对外发布和到户告知的渠道，包括但不限于95598网站、网上国网App、微信、短信（5G消息）等。

（15）昼停夜送信息。计划、临时检修信息中，当检修时长超24h且满足昼停夜送的，报送昼停夜送信息，包括是否昼停夜送、昼停开始时间、夜送开始时间三个字段。是否昼停夜送为是时，需报送昼停开始时间、夜送开始时间，为否时，无须报送昼停开始时间、夜送开始时间。

（16）停电客户清单。受停电影响的客户信息，包括客户名称、客户编号、设备名称等信息。

（17）停电（倒负荷）信息。指同一停电事件因配合检修需调电（倒负荷）且单次供电中断不超时45min。包括是否涉及调电（倒负荷）、调电（倒负荷）次数、调电（倒负荷）开始结束时间、调电（倒负荷）影响范围、调电（倒负荷）设备、调电（倒负荷）客户清单。因调电（倒负荷）产生的停电事件，在频繁停电投诉研判中核减为1次。

（18）发电车（机）接入退出信息。指检修（抢修）时启动发电车（机）的信息。包括是否启用应急发电车（机）、发电车（机）接入退出次数、应急发电车（机）接入和退出时间、影响设备、影响客户等信息。因发电车（机）接入和退出产生的停电事件，在频繁停电投诉研判中核减为1次。

（19）电压等级。指引起客户侧检修（抢修）的供电设备对应的电压等级，包括 220/380V、10(6、20)kV、35kV、110(66)kV、220(330)kV 等。

（20）复电进程。指随着检修（抢修）工作的推进，向内外部客户提供便于理解的工作进度信息。其中故障抢修信息包括故障告知、故障原因查找、开始故障抢修、复电操作中、恢复送电等进程节点，检修类信息包括检修操作中、检修施工中、送电操作中、全部送电等进程节点。

3.3.12.3　报送时限

（1）计划停电。提前 7 天向国家电网北中心报送计划停送电信息。

（2）临时停电。提前 24h 向国家电网北中心报送停送电信息。

（3）故障停电。配电自动化系统覆盖，设备跳闸停电后，应在 15min 内向国家电网北中心报送停送电信息。配电自动化系统未覆盖，设备跳闸停电后，应在抢修人员到达现场确认故障点后，15min 内向国家电网北中心报送停送电信息。

（4）超电网停电。超电网供电能力需停电时原则上应提前报送停限电范围及停送电时间等信息，无法预判的停电拉路应在执行后 15min 内报送停限电范围及停送电时间。

（5）其他类停电。及时向国家电网北中心报送停送电信息。

（6）表箱（计）作业。涉及高压侧停电前地市、县供电公司营销部门应 4 天报送至省营销服务中心审核，提前 3 天报送至国家电网北中心；低压侧停电提前 24h 报送停送电信息。

3.3.12.4　送电信息

现场送电后 10min 内向国家电网北中心报送现场送电时间。

3.3.12.5　停电信息变更及撤销

停电信息内容发生变化后 10min 内更新信息，并注明计划改变的原因及修改的具体内容；延迟送电应至少提前 30min 向国家电网北中心报送原因及变更后的预计送电时间。

计划检修、临时检修、表箱（计）作业等作业计划发生撤销时，原则上应至少提前 24h 撤销停电信息。计划检修、临时检修、其他检修、表箱（计）作业因施工受阻、天气影响等因素造成当日工作取消的，应于发生变化后 10min 内办理撤销手续。

🎤 3.4　质量管控业务规范

质量管控班组主要负责营销业务质量管控，开展营销业务异动监控、预警督办和现场稽查；负责供电服务质量监督，开展业务数据与关键指标分析、服务质量评估和分析督办；负责服务信息发布，开展重要流程环节督办与时限预警、供电服务质量等信息发布。

3.4.1　指标解读

根据国网河南省电力公司 2024 年对标方案及企业负责人年度业绩考核指标，供电服务指挥中心负责管控供电服务指挥业务支撑水平（同业对标指标）和 95598 业务合规率（企业负责人指标）。

3.4.1.1　供电服务指挥业务支撑水平

计算公式为

供电服务指挥业务支撑水平＝0.5×配电网主动工单完成率＋0.1×95598 业务处理及时率＋0.4×停电信息合格率

式中：

配电网主动工单完成率＝合格完成的配电网主动工单/配电网主动工单总量；

95598 业务处理及时率＝按国家电网公司时限要求派发并办结的 95598 工单/受理的 95598 工单总量；

停电信息合格率＝及时发布且规范的停电信息数量/供电服务指挥平台运行监测中配电线路全线停电总数。

3.4.1.2　95598 业务合规率

计算公式为

95598 业务合规率＝营销类客户红线诉求督办处理质量×30％ ＋ 重要服务事项报备合格率×30％ ＋ 95598 业务处理质量×40％

式中：

营销类客户红线诉求督办处理质量＝督办工单回复及时、合格数/督办工单总数×100％；

重要服务事项报备合格率＝报备合格件数/报备总数×100％，需要注意：度夏、度冬期间报备合格率目标值为 95％，其余时期为 97％，完成目标值得该指标分值的 100％，未达目标值的按实际完成值计算得分；

95598 业务处理质量＝95598 工单接派单及时率×50％ ＋ 95598 工单退单率×50％；

95598 工单退单率中不含衍生诉求和系统问题导致的退单，以及非本单位工单。

（1）指标加分项。

1）主动发起 95598 知识需求提报并被采纳入库，数量前三名的分别占指标分值的 0.5％、0.3％、0.2％。

2）参与编写 95598 知识场景并被采纳入库，每个加指标分值的 1%。

（2）指标减分项。

1）季度投诉压降率低于 30% 的，减指标分值的 5%。

2）因客户诉求管控不当外溢至 12398 投诉的（以系统中已有同类问题工单为准，不含客户恶意或不合理诉求），减指标分值的 1%。

3）被国家能源局作为典型案例通报的，减指标分值的 2%。

4）国家电网供电服务明察暗访、巡视巡查或其他服务检查中发现问题，每起减指标分值的 2%。

5）省级核查发现属地单位针对投诉事件存在弄虚作假等情况的，每次每件减指标分值的 5%。

6）"件件说清楚"调查报告未按时反馈的，按阶段每次每件减指标分值的 0.3%~0.5%。

7）调查报告存在自查不彻底或虚假填报台区状况、服务情况，未制订治理措施，每次每件减指标分值的 1%。

8）整改计划和问责情况落实不到位或佐证材料存在弄虚作假的，每次每件减指标分值的 2%。

9）省级明察暗访发现的问题超期未按期整改，每条问题减指标分值的 0.5%。

10）发现的问题线上审核回退，每条每次回退减指标分值的 0.5%，对同一件存在反复回退的工单按累加值计算。

11）现场抽查发现整改工作流于形式、敷衍应付或问题虚假整改、整改不到位的，每起扣减指标分值的 1%。

12）市、县两级单位未按要求开展明察暗访工作的，每次减指标分值的 1%。

13）重要服务事项报备等业务因违规或弄虚作假等原因被国家电网公司或省电力公司通报、督办的，每起减指标分值的 3%。

14）供电服务相关工作执行不到位，影响公司整体工作质量及进度的，视影响程度每起减指标分值的 3%~5%。

3.4.2 业务数据分析

3.4.2.1 停电信息合格率分析流程

计算公式为

停电信息合格率＝及时发布且规范的停电信息数量/供电服务指挥平台运行监测中配电线路全线停电总数

式中：及时发布且规范的停电信息数量是在统计周期范围内，能匹配供电服务指挥平台运行监测中配电线路全线停电且在系统监测线路停运的 15min 内发布的停电信息数量；供电服务指挥平台运行监测中配电线路全线停电总数是在统计周期范围内，供电服务指挥平台运行监测中配电线路全线停电数。

（1）数据导出。在供电服务指挥平台【配电网综合监测中心】功能模块，导出停电数据。

（2）核查停运公线在供电服务指挥平台中是否录入停电信息，对于未录入停电信息或录入不及时、不准确的线路，结合主动抢修、D5000 电流曲线数据和现场实际情况分析线路停运情况，对系统误报或其他特殊情况的线路进行核减申诉，如因人为原因导致的不合格线路，要求责任单位进行调查整改，强化人员责任，加强各站所线路停运时信息传递的及时准确性，避免类似问题再次发生。

3.4.2.2 频繁停电预警流程

频繁停电是指两个月内停电次数达 3 次及以上的线路或台区。

（1）数据导出。在供电服务指挥平台【配电网综合监测中心】功能模块，导出两个月内全口径停运整线、公用变压器明细。

（2）分级预警。对于两个月内停电 3 次及以上的台区和线路进行分级预警，重点关注停电时长大于 30min 的线路和台区，通知提醒相关责任单位做好管控措施。

3.4.2.3 主动运维分析流程

（1）主动运维工单生成。按既定的线路巡视周期，每月自动生成主动运维正常巡视工单，若线路发生接地故障，也会实时生成主动运维故障巡视工单。

（2）主动运维合格率管控。计算公式为

主动运维工单合格率＝主动运维合格工单数/主动运维工单总数

式中：主动运维合格工单数是在统计周期范围内，工单任务状态为"完成（未超期）"且有合格标记的主动运维工单数；判定合格标准是工单实际完成时间早于任务计划完成时间且上传现场巡视照片不小于 3 张（以 2024 年 4 月主动巡视功能优化发布标准为例）；主动运维工单总数是在统计周期范围内，系统自动生成的所有主动运维工单数。

1）数据导出。在供电服务指挥平台【巡视任务管理】或【主动巡视管理】功能模块，导出当月所有巡线任务。

2）超时督办。核实是否所有单位均生成正常巡视线路，关注正常巡视是否按规定时间完成、故障巡视完成时间是否超期、是否及时消缺等，对有异常情况的单位进行提醒督促。

3.4.2.4 主动检修分析流程

（1）主动检修工单生成。供电服务指挥平台采集配电变压器小时级别预警、配电自动化、日负荷监测、D5000监测等来源的配电变压器异常信息，根据相关规则计算配电变压器是否发生过载、重载、低电压、三相不平衡等异常情况，若发生则自动发起主动检修工单。

1）重载。负载率不小于80小于100，并且重载持续时间不小于120min。

2）过载。负载率不小于100小于150，并且过载持续时间不小于120min。

3）低电压。A/B/C三相电压任意一相电压连续1h大于150V且低于198V。

4）三相平衡度。（最大电流－最小电流/最大电流×100%）。

5）三相平衡度异常。三相平衡度大于100%。

6）三相不平衡。连续2h三相平衡度大于25%，并且负载率不小于60%。

7）负载率。[Math.sqrt（有功×有功 ＋ 无功×无功）×综合倍率/容量]×100。

（2）主动检修工单合格率管控。计算公式为

主动检修工单合格率＝主动检修合格工单数/主动检修工单总数

式中：主动检修合格工单数是在统计周期范围内，同一台区不重复出现相同异常类型的已归档主动检修工单数；异常类型包括配电变压器重载、配电变压器过载、配电变压器三相不平衡、配电变压器低电压；主动检修工单总数是在统计周期范围内，系统生成的所有主动检修工单数。

1）数据导出。在供电服务指挥平台【主动检修工单查询】功能模块，导出周期内主动检修工单明细。

2）督办反馈。对产生主动检修不合格工单的单位进行提醒，由相应县供电公司进行情况核实反馈。

3.4.2.5 主动抢修分析流程

（1）主动抢修工单生成。D5000每5min会将线路报警信息推送至供电服务指挥平台，平台自动根据拓扑关系，按顺序召测该线路下所有台区终端，若召测成功，则视为误报，舍弃该报警信息；若召测全部失败，则认为是线路停电，生成主动抢修工单。

用电信息采集系统每5min会将召测研判后的公用配电变压器停电事件推送至供电服务指挥平台，平台首先判定该台区是否存在正在执行的停电信息，并且异常时间介于停电开始时间和停电结束时间之间，若不存在停电计划则自动对公用变压器终端以及该终端下随机3个用户进行召测研判，若召测失败则认定该停电事件有效，将生成配电变压器异常信息，派发主动抢修工单，否则将视为误报舍弃。

除此以外，供电服务指挥平台采集配电自动化融合终端、人工录入的停电信息等来源的异常信息，经过研判监测到未复电时即会产生主动抢修工单。

（2）主动抢修工单合格率管控。计算公式为

主动抢修工单合格率＝主动抢修合格工单数/主动抢修工单总数

式中：主动抢修合格工单数是在统计周期范围内，按异常生成时间，在 5h 内办结（归档时间－异常生成时间不大于 5h）的已归档主动抢修工单数；主动抢修工单总数是在统计周期范围内，按异常生成时间，工单状态为已归档的主动抢修工单数。

1）数据导出。在供电服务指挥平台【主动抢修工单查询】功能模块，导出周期内主动抢修工单明细。

2）督办反馈。对产生主动抢修超时工单的单位进行提醒，由相应县供电公司进行情况核实反馈。

3.4.2.6 停电信息到户率管控流程

计算公式为

停电信息通知到户率＝通知到户数/（通知到户数 ＋ 限制通知用户数）

式中：通知到户数是依据停电信息，供电服务指挥平台提前根据属地单位营销台账成功进行短信推送的用户数；限制通知用户数是因同一户号绑定多个联系方式而被限制通知的用户数。

（1）数据查询。在供电服务指挥平台【停电信息通知用户情况】功能模块，查询周期内停电信息。

（2）督办反馈。关注未通知到户停电信息数和未通知到户数，查看详情并通知责任单位做好情况核实反馈。

3.4.2.7 客户热点诉求分析流程（以 2 个月内产生重复诉求 3 次及以上为例）

（1）数据导出。在供电服务指挥平台【工单查询】功能模块，导出故障报修、查询咨询、投诉、举报、意见（建议）、客户催办、业务申请等类型的国网主单，工单状态为服务处理、工单处理、接单派工、故障处理、答复客户、故障调度、归档、县接单分理、管理人员评价、回单确认、市回单确认、县回单确认、接单分理、工单审核。

（2）设备分析。设置业务类型为故障报修，将重复 3 次及以上台区列为重复报修设备。

（3）客户分析。将重复 3 次及以上的主叫号码列为重复诉求客户（业务类型为故障报修、业务申请、意见、投诉四类工单）。

（4）分类预警。对重复报修的设备通知责任单位做好设备的精益管理；对重复诉求客户，需核查诉求的起因、经过、结果，标明报备情况。

3.4.3 供电质量过程管控

3.4.3.1 供电质量过程管控工单来源

供电质量过程管控的数据来源是工单类型为投诉、意见的国家电网95598工单，工单子类为频繁停电、多次停电、低电压。

3.4.3.2 "13720"时间节点要求

"13720"定义：

"1"：1个工作日内，联系客户并将反映诉求纳入问题清单台账，完成投诉工单现场调查并报送初步调查报告。

"3"：3个工作日内，召开供电质量问题分析治理会；完成简易问题治理，对于需改造配套电网才能解决的，会同相关部门制订问题治理方案，明确责任部门、改造任务、完成时限。报送投诉工单调查报告（包括但不限于考核意见、治理措施等内容）并回复工单。

"7"：7个工作日内，完成通过运维措施能解决的问题治理；对于需改造配套电网才能解决的，完成项目设计等前期工作；报送意见工单调查报告（包括但不限于治理措施、完成时限等内容）并回复工单。

"2"：2个自然月内（对应国网45个工作日要求），完成10kV及以下项目改造，需改造35kV及以上电网才能解决的，制订治理方案约时完成。问题治理完成1周内，通过采用现场核实、综合验证等方式开展治理成效评价，确保问题根本解决。

"0"：清单台账内所有问题要闭环管理、逐项销号、动态清零。

3.4.3.3 系统操作要求

1. 治理页面

（1）审核材料。在该页面可审核供电质量问题治理佐证材料，材料明细如下：

1）需运维手段治理的低电压问题：①初步调查报告；②问题分析会会议纪要；③治理方案；④工作票/操作票；⑤现场作业照片（治理前后含有设备铭牌/杆号的照片）；⑥现场测量客户电压（早晚高峰）；⑦问题销号单；⑧"两告知"录音/短信截图/微信截图。

2）需运维手段治理的频繁停电问题：①初步调查报告；②问题分析会会议纪要；③治理方案；④工作票/操作票/配电故障紧急抢修单；⑤现场作业照片（治理前后含有设备铭牌/杆号的照片）；⑥问题销号单；⑦"两告知"录音/短信截图/微信截图。

3）需立项解决的低电压问题：①初步调查报告；②问题分析会会议纪要；

③治理方案；④项目设计等前期资料；⑤OMS 系统调度日志截图（调度计划执行页面、停送电操作票、工作票页面）；⑥现场施工照片（治理前后含有设备铭牌/杆号的照片）；⑦竣工验收记录/竣工验收单；⑧现场测量客户电压（早晚高峰）；⑨问题销号单；⑩"两告知"录音/短信截图/微信截图。

4）需立项解决的频繁停电问题：①初步调查报告；②问题分析会会议纪要；③治理方案；④项目设计等前期资料；⑤OMS 系统调度日志截图（调度计划执行页面、停送电操作票、工作票页面）；⑥现场施工照片（治理前后含有设备铭牌/杆号的照片）；⑦竣工验收记录/竣工验收单；⑧问题销号单；⑨"两告知"录音/短信截图/微信截图。

（2）提交报告。在查询结果选中一条数据后，点击右上方提交调查报告按钮可对数据进行提交调查报告维护操作。地市供电公司需填写是否完成现场调查并上传调查报告、是否召开问题分析会并确定该数据是否需要治理，若需要治理需确定解决措施与治理方案。

（3）数据治理。在查询结果选中一条数据后，点击右上方治理按钮可对数据进行治理维护操作。

当解决措施为运维措施时，地市供电公司需填写项目计划/预算（万元）、计划完成治理时间、是否完成治理、完成治理时间并上传完成治理证明。

当解决措施为"基建""技改"与"其他工程项目"时，地市需填写是否已立项、项目编号/拟列入计划批次、项目计划/预算（万元）、计划竣工时间、是否完成设计、设计证明、是否下达投资计划、投资下达证明、是否开工、开工时间、是否竣工、竣工时间、竣工证明。当上一环节的"是否××"字段为"否"时，下一环节无法完成。

如果解决措施需调整的，应在备注上说明并且在证明文件上体现；对于存量问题数据不完整的，需地市供电公司在后期完善；对于立项解决存量问题的，需在备注上注明"基建"或"技改"。提交后数据将进入地市/省电力公司审核页面进行审核。

（4）治理结果验证。分为通过或不通过，对于不通过的数据，可查看不通过的详情信息。治理结果验证规则为：

1）频繁停电：①调取诉求用户近十次掉电记录，治理完毕后仍存在 2 个月掉电超 3 次；②治理完毕后，查询诉求用户所属台区仍存在两个月停电超 3 次；③治理完毕后，查询诉求用户所属台区下其他用户仍有频繁停电意见和投诉工单。

2）低电压：①调取诉求治理完毕用户连续一周电压值，存在 3 天及以上电压值连续 2h 低于 198V 且大于 150V；②调取诉求用户所属台区电压值，存在 A/

B/C 三相电压任意一相电压连续 1h 大于 150V 且低于 198V（注：若用户所属台区发生低电压，系统会自动派发主动检修工单）；③治理完毕后，查询诉求用户所属台区下其他用户仍有低电压意见和投诉工单。

2. 审核页面

通过设置查询条件，可查看待审核页面和已审核页面。

3. 整改成效跟踪页面

召测频繁停电、低电压跟踪验证情况和客户诉求筛查情况。治理结果验证跟踪验证规则：

（1）低电压。在工单通过治理结果验证后半年内进行低电压问题整改成效跟踪验证，定期召测用户及其所属台区电压值，每日常态筛查该用户及所属台区其他用户是否新增相同诉求，与短期治理结果验证相结合，确保跨度一个负荷高峰期。

1）系统召测。在数据治理结果验证出结果后的半年内（治理结果通过的1个自然月后开始验证，治理结果不通过的两个自然月开始验证，下同），每月1次，每次持续1周。诉求用户或其所在台区任一轮召测中有3天及以上连续1h电压值大于150V且低于198V，判定为低电压问题未有效整改。

2）重复诉求筛查。在工单通过治理结果验证后半年内，每日常态筛查该客户及所属台区其他用户是否新增相同诉求，若新增重复诉求工单确认属供电公司责任，判定为低电压问题未有效整改（注：用户及台区新增重复诉求工单无论是否属实，系统均进行统计，辅助分析）。

（2）频繁停电。在工单通过治理结果验证后半年内进行频繁停电问题整改成效跟踪验证，定期调取用户及其所属台区近10次掉电记录，每日常态筛查该客户及所属台区其他用户是否新增相同诉求，与短期治理结果验证相结合，确保跨度一个负荷高峰期。

1）系统召测。工单通过治理结果验证后半年内开展6轮召测验证，每个月1次，每次均统计用户及其所在台区近两个月掉电记录。若诉求用户或其所在台区存在2个月停电3次及以上情况，判定为频繁停电问题未有效整改（剔除每天不超过3次3min以内闪停）。

2）重复诉求筛查。在工单通过治理结果验证后半年内，每日常态筛查该客户及所属台区其他用户是否新增频繁停电诉求，若新增重复诉求工单确认属供电公司责任，且下派时间与完成治理时间相隔两个月及以上，判定为供电质量问题未有效整改（注：用户及台区新增重复诉求工单无论是否属实，系统均进行统计，辅助分析）。

3.4.4 供电服务质量监督

供电服务质量监督是指采取一定的手段和措施，预防、查处和惩治各级单位在营销、配电网业务中存在的供电服务违章行为，可采用上级督查和本级自查两种方式。

以国网河南省电力公司 2024 年投诉及意见工单管控最新考核要求为参考，对各类服务违规行为进行质量监督，主要包括以下步骤：

（1）发现线索。通过 95598、12398、12345 等全渠道工单及台区经理工作号录音质检、营业厅监控等渠道收集客户诉求。

（2）现场核查。对"三大领域"（生产领域、营销领域、建设领域）疑似违章行为、阶段性重点业务等开展现场督查、问题整改和统计分析。

（3）整改督办。按违章性质、情节及可能造成的后果，对查处的违章行为下发整改通知。

（4）限时反馈。违章责任单位（部门）收到整改通知后，应立即组织调查、制订整改措施并落实，在规定期限内反馈。

（5）异议申诉。若责任单位、责任人对查处的违章存在异议，可在整改通知下发后规定期限内提出申诉，并提供相关事前或事中音、视频佐证材料（无相关材料以客户描述为准），申诉理由成立的予以采纳。

（6）按期通报。监督整改过程、评估整改措施、考核整改成效，定期通报有关情况，保障服务质量监督工作正常运转。

3.4.5 营配调异常数据治理

监测供电服务指挥中心运营过程中发现的台账、拓扑、参数、采集等错误情况，形成营配基础数据稽查工单，下派至相关部门（班组）闭环整改，结合台区停电做好"变—户"拓扑信息的校核工作，提高基础数据质量，提升工单派发的准确性。

3.4.5.1 营配调工单查询流程

（1）查询路径。【供电服务指挥平台】—【营配调工单查询】。

（2）条件点选。输入工单编号、异常编号，选择供电单位、异常类型等信息，点击"查询"按钮完成营配调工单查询。

3.4.5.2 异常数据受理及工单闭环管控流程

（1）工单发起。在供电服务指挥平台【营配调异常数据受理】功能模块，选择异常类型和工单来源查看，将工单派发至下一部门。

（2）工单归档。在【统一待办】功能模块，选择其他业务类型待办，营配调数据质量稽查流程操作。

（3）工单审核。工单需要在 7 个工作日内处理完成并确认归档，避免工单超期。

3.4.5.3 营配数据处理统计

查询路径：【供电服务指挥平台】—【营配业务协同】—【营配调数据质量稽查】—【营配数据处理统计】，依据查询条件，可展示对应明细数据。

第四章

供电服务指挥中心应急响应

随着经济社会的发展，电力用户对供电服务的要求越来越高，做好优质服务，是供电企业的初心所在、使命所在、价值所在。为全力保障可靠供电和优质服务，防止和减少供电服务事件发生，供电服务指挥中心应积极开展供电服务风险防控与应急响应工作，提高应急响应能力，在故障发生后以最快的速度恢复社会正常生活秩序，尽可能减少突发事件造成的各类损失。

根据相关分级标准和处置流程，本章从公司层面应急处置的视角入手，重点对供电服务指挥中心的应急响应流程进行描述，建立多维度、协同化的处置联动机制。

🎙 4.1 相关分级标准

4.1.1 供电服务事件分级标准

根据供电服务事件的危害程度和影响范围，将供电服务事件分为四级：特别重大、重大、较大和一般供电服务事件。

（1）特别重大服务事件。满足下列情况之一的，为特别重大服务事件：

1）直辖市、省会城市或自治区首府30％以上用电客户，计划单列市40％以上用电客户的正常用电受到影响。

2）涉及特级重要电力客户停电并造成重大影响的停电事件。

3）在国家主办或承办且有党和国家领导人出席，具有特别重大影响的政治、经济、文化、体育等活动电力保障期间相关客户的停电事件。

4）被中央或全国性新闻媒体曝光并产生重大影响的停电或供电服务事件。

5）用户向国家有关部门反映的集体投诉服务事件。

6）被公司应急领导小组确定为特别重大服务事件者。

（2）重大服务事件。满足下列情况之一的，为重大服务事件：

1）直辖市、省会城市或自治区首府 20％以上用电客户，计划单列市 30％以上用电客户的正常用电受到影响。

2）涉及一级重要电力客户停电并造成重大影响的停电事件。

3）在各省主办或承办且有党和国家领导人出席，具有重大影响的政治、经济、文化、体育等活动电力保障期间相关客户的停电事件。

4）被省级新闻媒体曝光并产生重大影响的停电或供电服务事件。

5）客户向省级政府有关部门反映的集体投诉服务事件。

6）被公司应急领导小组确定为重大服务事件者。

（3）较大服务事件。满足下列情况之一的，为较大服务事件：

1）直辖市、省会城市或自治区首府 10％以上用电客户，计划单列市 20％以上用电客户，地级城市 30％以上用电客户的正常用电受到影响。

2）涉及二级重要电力客户和临时重要电力客户停电并造成重大影响的停电事件。

3）在各省主办或承办且有省部级领导出席，具有较大影响的政治、经济、文化、体育等活动电力保障期间相关客户的停电事件。

4）被省会城市、副省级城市媒体曝光并产生较大影响的停电或供电服务事件。

5）客户向地市级政府有关部门反映的集体投诉服务事件。

6）被公司应急领导小组确定为较大服务事件者。

（4）一般服务事件。满足下列情况之一的，为一般服务事件：

1）直辖市、省会城市或自治区首府 5％以上用电客户，计划单列市 10％以上用电客户，地级城市 20％以上用电客户的正常用电受到影响。

2）在市（州）主办或承办，具有一定影响的政治、经济、文化、体育等活动电力保障期间相关客户的停电事件。

3）被地市级新闻媒体曝光并产生一定影响的停电或供电服务事件。

4）客户向县级政府有关部门反映的集体投诉服务事件。

5）被公司应急领导小组确定为一般服务事件者。

4.1.2　电网事故分级标准

根据《国家电网有限公司安全事故调查规程》（国家电网安监〔2020〕820号）的通知，将电网事故分为特别重大电网事故、重大电网事故、较大电网事故、一般电网事故、五级电网事件、六级电网事件、七级电网事件、八级电网事件。

（1）特别重大电网事故（一级电网事件）。有下列情形之一者，为特别重大电网事故（一级电网事件）：

1）造成区域性电网减供负荷30％以上者。

2）造成电网负荷20 000MW以上的省（自治区）电网减供负荷30％以上者。

3）造成电网负荷5000MW以上20 000MW以下的省（自治区）电网减供负荷40％以上者。

4）造成直辖市电网减供负荷50％以上，或60％以上供电用户停电者。

5）造成电网负荷2000MW以上的省（自治区）人民政府所在地城市电网减供负荷60％以上，或70％以上供电用户停电者。

（2）重大电网事故（二级电网事件）。有下列情形之一者，为重大电网事故（二级电网事件）：

1）造成区域性电网减供负荷10％以上30％以下者。

2）造成电网负荷20 000MW以上的省（自治区）电网减供负荷13％以上30％以下者。

3）造成电网负荷5000MW以上20 000MW以下的省（自治区）电网减供负荷16％以上40％以下者。

4）造成电网负荷1000MW以上5000MW以下的省（自治区）电网减供负荷50％以上者。

5）造成直辖市电网减供负荷20％以上50％以下，或30％以上60％以下的供电用户停电者。

6）造成电网负荷2000MW以上的省（自治区）人民政府所在地城市电网减供负荷40％以上60％以下，或50％以上70％以下供电用户停电者。

7）造成电网负荷2000MW以下的省（自治区）人民政府所在地城市电网减供负荷40％以上，或50％以上供电用户停电者。

8）造成电网负荷600MW以上的其他设区的市电网减供负荷60％以上，或70％以上供电用户停电者。

（3）较大电网事故（三级电网事件）。有下列情形之一者，为较大电网事故（三级电网事件）：

1）造成区域性电网减供负荷7％以上10％以下者。

2）造成电网负荷20 000MW以上的省（自治区）电网减供负荷10％以上13％以下者。

3）造成电网负荷5000MW以上20 000MW以下的省（自治区）电网减供负荷12％以上16％以下者。

4）造成电网负荷 1000MW 以上 5000MW 以下的省（自治区）电网减供负荷 20％以上 50％以下者。

5）造成电网负荷 1000MW 以下的省（自治区）电网减供负荷 40％以上者。

6）造成直辖市电网减供负荷 10％以上 20％以下，或 15％以上 30％以下供电用户停电者。

7）造成省（自治区）人民政府所在地城市电网减供负荷 20％以上 40％以下，或 30％以上 50％以下供电用户停电者。

8）造成电网负荷 600MW 以上的其他设区的市电网减供负荷 40％以上 60％以下，或 50％以上 70％以下供电用户停电者。

9）造成电网负荷 600MW 以下的其他设区的市电网减供负荷 40％以上，或 50％以上供电用户停电者。

10）造成电网负荷 150MW 以上的县级市电网减供负荷 60％以上，或 70％以上供电用户停电者。

11）发电厂或 220kV 以上变电站因安全故障造成全厂（站）对外停电，导致周边电压监视控制点电压低于调度机构规定的电压曲线值 20％并且持续时间 30min 以上，或导致周边电压监视控制点电压低于调度机构规定的电压曲线值 10％并且持续时间 1h 以上者。

（4）一般电网事故（四级电网事件）。下列情形之一者，为一般电网事故（四级电网事件）：

1）造成区域性电网减供负荷 4％以上 7％以下者。

2）造成电网负荷 20 000MW 以上的省（自治区）电网减供负荷 5％以上 10％以下者。

3）造成电网负荷 5000MW 以上 20 000MW 以下的省（自治区）电网减供负荷 6％以上 12％以下者。

4）造成电网负荷 1000MW 以上 5000MW 以下的省（自治区）电网减供负荷 10％以上 20％以下者。

5）造成电网负荷 1000MW 以下的省（自治区）电网减供负荷 25％以上 40％以下者。

6）造成直辖市电网减供负荷 5％以上 10％以下，或 10％以上 15％以下供电用户停电者。

7）造成省（自治区）人民政府所在地城市电网减供负荷 10％以上 20％以下，或 15％以上 30％以下供电用户停电者。

8）造成其他设区的市电网减供负荷 20％以上 40％以下，或 30％以上 50％以下供电用户停电者。

9) 造成电网负荷 150MW 以上的县级市电网减供负荷 40％以上 60％以下，或 50％以上 70％以下供电用户停电者。

10) 造成电网负荷 150MW 以下的县级市电网减供负荷 40％以上，或 50％以上供电用户停电者。

11) 发电厂或 220kV 以上变电站因安全故障造成全厂（站）对外停电，导致周边电压监视控制点电压低于调度机构规定的电压曲线值 5％以上 10％以下并且持续时间 2h 以上者。

12) 发电机组因安全故障停止运行超过行业标准规定的小修时间两周，并导致电网减供负荷者。

(5) 五级电网事件。未构成一般以上电网事故，符合下列条件之一者定为五级电网事件：

1) 电网减供负荷，有下列情形之一者：①城市电网（含直辖市、省级人民政府所在地城市、其他设区的市、县级市电网）减供负荷比例或城市供电用户停电比例超过一般电网事故数值 60％以上者；②造成电网减供负荷 100MW 以上者。

2) 电网稳定破坏，有下列情形之一者：①220kV 以上系统中，并列运行的两个或几个电源间的局部电网或全网引起振荡，且振荡超过一个周期（功角超过 360 度），不论时间长短，或是否拉入同步；②220kV 以上电网非正常解列成三片以上，其中至少有三片每片内解列前发电出力和供电负荷超过 100MW；③省（自治区、直辖市）级电网与所在区域电网解列运行。

3) 电网电能质量降低，有下列情形之一者：①在装机容量 3000MW 以上电网，频率偏差超出（50±0.2）Hz，延续时间 30min 以上；②在装机容量 3000MW 以下电网，频率偏差超出（50±0.5）Hz，延续时间 30min 以上；③500kV 以上电压监视控制点电压偏差超出±5％，延续时间超过 1h。

4) 交流系统故障，有下列情形之一者：①变电站内 220kV 以上任一电压等级运行母线跳闸全停；②三座以上 110kV（含 66kV）变电站全停；③220kV 以上系统中，一次事件造成两台以上主变压器跳闸停运；④500kV 以上系统中，一次事件造成同一输电断面两回以上线路跳闸停运；⑤故障时，500kV 以上断路器拒动。

5) 直流系统故障，有下列情形之一者：①±400kV 以上直流双极闭锁（不含柔性直流）；②两回以上±400kV 以上直流单极闭锁；③±400kV 以上柔性直流输电系统全停；④具有两个以上换流单元的背靠背直流输电系统换流单元全部闭锁。

6) 二次系统故障，有下列情形之一者：①500kV 以上安全自动装置不正确动作；②500kV 以上继电保护不正确动作致使越级跳闸。

7）发电厂故障，有下列情形之一者：①因电网侧故障造成发电厂一次减少出力 2000MW 以上；②具有黑启动功能的机组在黑启动时未满足调度指令需求。

8）县级以上地方人民政府有关部门确定的特级或一级重要电力用户，以及高速铁路、机场、城市轨道交通等电网侧供电全部中断。

（6）六级电网事件。未构成五级以上电网事件，符合下列条件之一者定为六级电网事件：

1）造成电网减供负荷 40MW 以上者。

2）电网稳定破坏，有以下情形之一者：①220kV 以上电网发生振荡，导致机组跳闸或安全自动装置动作；②110kV（含 66kV）以上局部电网与主网解列运行。

3）电网电能质量降低，有下列情形之一者：①在装机容量 3000MW 以上电网，频率偏差超出（50±0.2）Hz；②在装机容量 3000MW 以下电网，频率偏差超出（50±0.5）Hz；③220kV 以上电压监视控制点电压偏差超出±5%，延续时间超过 30min。

4）电网安全水平降低，有下列情形之一者：①电网输电断面超稳定限额，连续运行时间超过 1h；②区域电网、省（自治区、直辖市）电网实时运行中的备用有功功率不能满足调度规定的备用要求。

5）交流系统故障，有下列情形之一者：①变电站内 110kV（含 66kV）运行母线跳闸全停；②变电站内两条以上 220kV 以上母线跳闸停运；③三座以上 35kV 变电站全停；④110kV（含 66kV）以上系统中，一次事件造成两台以上主变压器跳闸停运；⑤220kV 以上系统中，一次事件造成同一输电断面两回以上线路跳闸停运；⑥故障时，220kV（含 330kV）断路器拒动。

6）直流系统故障，有下列情形之一者：①±400kV 以下直流双极闭锁（不含柔性直流）；②±400kV 以上直流单极或单换流器闭锁，并造成功率损失；③±400kV 以下柔性直流输电系统全停；④具有两个以上换流单元的背靠背直流输电系统换流单元闭锁，并造成功率损失；⑤直流中性点接地极线路故障，造成直流运行方式改变；⑥±400kV 以上直流输电系统功率速降超过 2000MW 或额定功率的 50%。

7）二次系统故障，有以下情形之一者：①220kV（含 330kV）安全自动装置不正确动作；②220kV（含 330kV）继电保护不正确动作致使越级跳闸；③220kV 以上线路、母线或变压器失去主保护。

8）因电网侧故障造成发电厂一次减少出力 1000MW 以上。

9）县级以上地方人民政府有关部门确定的二级重要电力用户及电气化铁路

等电网侧供电全部中断。

（7）七级电网事件。未构成六级以上电网事件，符合下列条件之一者定为七级电网事件：

1）造成电网减供负荷 10MW 以上者。

2）35kV 以上输变电设备异常运行或被迫停止运行，并造成减供负荷者。

3）电网发生振荡，导致电网异常波动；或因电网侧原因造成电厂出现扭振保护（TSR）动作导致机组跳闸。

4）交流系统故障，有下列情形之一者：①变电站内两条以上 110kV（含 66kV）以上母线跳闸停运；②变电站内 220kV 以上任一条母线跳闸停运；③110kV（含 66kV）以上系统中，一次事件造成同一输电断面两回以上线路跳闸停运；④故障时，110kV（含 66kV）及以下断路器拒动。

5）直流系统故障，有下列情形之一者：①直流输电系统单极闭锁；②特高压直流单换流器闭锁；③柔性直流输电系统单站（单极、单单元）停运；④背靠背直流输电系统单换流单元闭锁；⑤一次事件造成单一直流连续 3 次以上换相失败。

6）二次系统故障，有以下情形之一者：①110kV（含 66kV）及以下安全自动装置不正确动作；②110kV（含 66kV）及以下继电保护不正确动作致使越级跳闸；③110kV（含 66kV）线路、母线或变压器失去主保护。

7）因电网侧故障造成发电厂一次减少出力 500MW 以上。

8）县级以上地方人民政府有关部门确定的临时性重要电力用户电网侧供电全部中断。

（8）八级电网事件。未构成七级以上电网事件，符合下列条件之一者定为八级电网事件：①10kV（含 20kV、6kV）供电设备（包括母线、直配线等）异常运行或被迫停止运行，并造成减供负荷者；②直流输电系统发生换相失败；③发电机组（含调相机组）不能按调度要求运行。

🎤 4.2 事 前 准 备

4.2.1 建立应急小组

为了提高紧急情况的处置能力，地市供电公司层面一般会成立供电服务事件专项应急领导小组，供电服务指挥中心层面必须在现有的组织结构和人员基础上，基于"平战结合、反应快速"的原则，建立一个反应迅速且专业化的部门应急小组，团队成员应从各业务层级中精心挑选，在紧急情况发生时能迅速转换角色，做到专业齐全、人员精干、反应迅速。

部门应急小组根据公司应急响应整体安排，主要承担供电服务事件应急处置协调和组织应对工作，制订事件应急预案，收集汇总供电服务事件信息，开展事件应急处置相关工作。

4.2.2 制订应急预案

应急预案旨在确保对潜在的紧急事故作出迅速、有序、有效的应变和救援行动，即预先设计计划或程序以减少意外造成的损失。应急预案的基础是识别和评估出当前潜在的重大危险、事故的类型、发生事故的概率、发生的过程、事故的后果和影响的严重程度，事先安排应急机构及其职能、人员、技术、设备、应急物资、救援措施及其指挥和协调，并决定谁负责紧急事故发生之前、期间和之后的处置，何时做以及如何做。应急预案具有全面性、系统性、权威性和实用性四个方面的特点，编制的预案应具备以下 3 点功能：

（1）事件预防。通过辨析突发事件的危险程度，并预测事件的影响面，采用应急措施、手段和管理方法使突发事件的危险性降低，将事件的影响控制在较小的范围内，防止发生次生灾害等。

（2）应急处理。在突发事件发生的时候，应急预案可给处置人员指导，提供应急处置的方法和处理步骤，快速、准确地处理事故，降低损害度和影响面。

（3）抢险救援。采用预先制订的现场抢险和抢救方式方法，控制或减少突发事件造成的损失。

4.2.3 加强部门协同

供电服务指挥中心在有序组织部门应急小组运转的同时，还应与各相关部门做好业务协同，共同应对突发事件。现将各部门职责简述如下（不同地市间可能会有差异）：

（1）办公室。负责建立 24h 值班机制，接收和处理政府及有关单位、上下级单位的应急响应文件和供电服务事件信息，并根据有关规定向政府部门和相关单位报送供电服务事件信息。

（2）营销部。落实公司专项应急领导小组的相关要求，牵头负责供电服务事件的应急管理和处置工作。组织、协调公司各职能部门开展供电服务事件应急处置相关工作，及时了解掌握各项工作开展情况和事件发展态势。

（3）运维部、配网部。负责组织和协调供电服务事件处置中电网设备设施供电保障、应急支援和抢修恢复等工作。

（4）调控中心。负责供电服务事件处置过程中涉及的电网调度工作。

（5）安监部。负责供电服务事件应急处置过程中的安全监督管理工作。

（6）党建部。负责特别重大、重大供电服务事件舆情的应对、引导，信息发布、新闻宣传等工作。

4.2.4　实时监测预警

常见的风险来源有：

1. 自然灾害

（1）水位监测。在主要河流和水库附近安装水位监测传感器，实时监测水位变化。通过卫星遥感技术监控大范围的水位变化。

（2）地下设施监测。在地下变电站和电缆通道安装湿度和水位传感器，监测地下水位和湿度的变化，及时发现洪水风险。

（3）雷电监测系统。使用地基和卫星雷电监测系统，实时追踪雷电活动。雷电探测器可检测雷电的频率、强度和位置。

2. 恶劣天气

（1）气象数据实时监控。主要包括国家发布的自然灾害信息，台风、暴雨等气象预警信号等。及时关注气象部门发布的天气预警，及时掌握风速、风向、降水量和台风路径等数据；使用高精度气象雷达和卫星图像，提供风暴和台风的实时监测。

（2）输电线路监测。在输电线路和输电塔上安装应力传感器和倾斜传感器，实时监测风速和风压变化，监测风力对结构的影响，并评估输电塔的稳定性。

（3）设备温度监测。在变压器、开关和电缆等关键设备上安装温度传感器，实时监控设备的温度变化，防止过热或过冷。

3. 系统平台

（1）95598话务量、故障报修工单量等。

（2）多源数据综合研判的用电客户停电情况（含重要客户）。

（3）通过集约管控平台、供电服务指挥平台查看相应停电、工单等数据的异动情况。

（4）用电信息采集系统上报停电事件、不在线终端等。

4. 技术故障

（1）设备老化或故障。在变压器、开关和其他关键设备上安装传感器，监测温度、电流、电压、振动和其他关键参数，通过定期收集和分析这些数据，识别设备性能的变化和潜在故障迹象。

（2）系统设计缺陷。实时监测系统负荷，特别是在高峰负荷期间，通过监测电流、电压、功率因数等参数，评估系统的负荷承受能力；监测系统运行环境，包括温度、湿度、振动等因素。

（3）操作错误。在操作控制室安装监控系统，实时记录和监控操作人员的操作行为。通过视频监控和操作日志记录，发现和分析潜在的操作错误。

5. 网络系统风险

（1）黑客攻击。部署网络入侵检测系统（IDS），实时监控网络流量和活动，识别潜在的恶意行为；安全信息和事件管理系统（SIEM），使用安全信息和事件管理系统（SIEM）收集、分析和关联来自不同安全设备和系统的日志数据。

（2）数据篡改。部署数据完整性监控系统，实时监测关键数据的变化。

（3）勒索软件。部署行为监控系统，实时监控系统的操作行为，识别异常的文件加密活动。

6. 政策与法规变更风险

建立一个政策跟踪系统，实时监控政府发布的政策文件、立法动态和监管机构的公告，预测风险。

7. 其他风险

（1）国家发布的事故灾难、社会安全事件信息。

（2）上级单位下发的、各单位上报的预警信息。

（3）政府部门、监管机构、社会团体、新闻媒体重点关注的涉及供电服务的相关事件。

（4）网上国网、营业厅、网格化服务等其他渠道发现的异常情况。

4.2.5 抓好培训演练

在电力系统的应急管理中，组织定期的培训和演练活动是至关重要的。这不仅能提升应急队伍的实战能力，还能确保所有员工在面对供电服务事件时能迅速、有效采取行动，可达到以下效果：

（1）提升应急意识。通过培训，增强员工的应急意识和责任感，使其能在日常工作中主动防范风险，积极参与应急管理工作。

（2）提高操作技能。通过专业技能培训和实战操作演练，提升员工对电力设备和系统的操作技能，确保其能在紧急情况下熟练应对各类供电服务事件。

（3）增强协同作战能力。通过全面演练，提升各部门之间的协同作战能力，确保在应急响应过程中各部门能紧密配合、高效运作。

（4）检验和完善预案。通过演练，检验应急预案的全面性和有效性，发现预案中的不足和漏洞，并及时进行修订和完善，提高应急预案的科学性和可操作性。

除了在本单位内部及市县联合开展培训演练，同时应加强与当地政府、外部单位的协调沟通，开展社会应急联合演练，建立应急联动机制，提高应对供电服务事件的能力。下面重点介绍如何开展培训与演练。

1. 培训

系统化的培训计划应涵盖以下几个方面：

（1）基础知识培训。

1）应急管理基础。培训员工了解应急管理的基本概念和原则，包括风险识别、应急响应、资源调配和恢复等方面的知识。

2）电力系统基础知识。确保员工了解电力系统的基本结构和运行原理，包括发电、输电、配电和用电的全过程。

（2）专业技能培训。

1）设备操作与维护。培训员工掌握变压器、开关、保护装置等各种电力设备的现场操作和维护技能，常见故障的识别与处理方法，以及定期维护的要求和步骤。

2）故障诊断与处理。通过案例分析和实操训练，提升员工对电力系统故障的诊断和处理能力。

3）网络与信息安全。培训员工了解电力系统的网络与信息安全风险，包括网络攻击、数据篡改、勒索软件等。培训内容应包括基本的网络安全知识、安全操作规范和应对网络安全事件的措施。

（3）应急操作技能培训。

1）应急预案熟悉。确保员工熟悉公司的应急预案，了解在不同类型的供电服务事件中的具体操作步骤和责任分工。

2）快速反应与决策。通过模拟紧急情况，训练员工在高压环境下快速反应和决策的能力。内容应包括应急指挥、信息传递、资源调配等。

3）应急设备使用。培训员工掌握各种应急设备的使用方法，包括应急发电机、应急通信设备、个人防护装备等。

（4）系统应用培训。做好集约管控平台和供电服务指挥平台应用培训，从风险预警、应急响应、灾损统计、承载力分析、应急保障等方面提供强有力的信息化支撑工具，为应急指挥提供智能高效的指挥调度工具，提升灾情应对效率。

2. 演练

通过开展演练，可检验应急响应工作机制流程、灾害抵御应对能力、灾害期间电力保供能力、应急响应提改提升工作成效和装备作战能力的效果。

演练类型有：

（1）桌面推演。通过模拟会议的形式，讨论和推演应急预案的执行过程。桌面推演主要用于培训指挥和管理人员，提高其应急指挥能力和决策水平。

（2）功能演练。模拟单一功能或单一部门的应急操作，如设备故障处理、紧急调度、通信保障等。功能演练主要用于培训一线操作人员，提升其实际操作技能。

（3）全面演练。模拟实际的供电服务事件，应尽量涵盖应急预案的所有方面。全面演练涉及多部门协同作战，主要用于检验预案的全面性和有效性。

（4）演练设计。制订年度演练计划，明确每年的演练目标、演练内容、参与部门和时间安排。年度演练计划应结合公司实际情况和风险评估结果，确保演练具有针对性和实效性。在演练前进行充分的准备工作，包括编写演练脚本、准备演练场地、通知参与人员、准备演练设备等，确保演练过程顺利进行。

（5）演练实施。

1）演练过程控制。在演练过程中，严格按演练脚本进行，确保每个步骤都得到有效执行。演练过程中应设置观察员和评估员，记录演练情况和存在的问题。

2）应急指挥部运作。在全面演练中，设立应急指挥部，模拟实际的指挥运作过程。应急指挥部负责演练的指挥调度、信息传递和决策支持，确保演练的协调和高效进行。

3）实战操作演练。在功能演练和全面演练中，安排实际操作场景，如设备故障处理、线路抢修、用户服务恢复等，检验一线操作人员的实际操作技能和反应速度。

（6）演练评估与改进。

1）演练评估。在演练结束后，组织评估会议，全面总结演练情况。评估内容包括预案执行效果、指挥协调情况、操作技能水平、信息传递效率等。通过评估发现问题和不足，提出改进建议。

2）反馈与改进。将评估结果反馈给各相关部门，督促其改进工作。根据演练评估结果，修订和完善应急预案，优化应急操作流程，提升应急管理水平。

4.2.6　创建应急通讯录

基于应急预案，基层单位可创建层级清晰的应急通讯录，这对于快速有效地开展应急指挥工作至关重要。应急通讯录的创建和管理功能，使得应急指挥人员能在紧急情况下快速联系到相关负责人和执行人员，确保信息传递的及时性和准确性，增强应急响应的协同性和组织性。以下为应急通讯录模板（见图4-1），可供参考。

应急通信录				
供电服务 指挥中心	负责人			
	职务			
	联系电话			
协同部门				
办公室	负责人			
	职务			
	联系电话			
营销部	负责人			
	职务			
	联系电话			
运维部/ 配网部	负责人			
	职务			
	联系电话			
调控中心	负责人			
	职务			
	联系电话			
安监部	负责人			
	职务			
	联系电话			
党委党建部	负责人			
	职务			
	联系电话			
其他相关部门	负责人			
	职务			
	联系电话			

图 4-1 应急通讯录模板

🎤 4.3 事 中 应 对

当事故或事件发生时,应依托事前准备的基础,及时进行预警,评估响应级别,迅速启动应急响应,同时利用集约管控平台和供电服务指挥平台,为供电服务应急处置措施提供数据支撑。

4.3.1 监测发布预警

4.3.1.1 预警监测

公司有关部门应密切监测可能造成事故、事件的相关风险。

(1) 调控中心负责对电网大面积停电、重要变电站或发电厂全停等各类电网事故风险进行监测。

(2) 运维部、配网部负责对各类设备事故、自然灾害造成的电力设施受损等事故风险进行监测。

（3）营销部负责对重要电力客户停电、供电服务投诉、客户集体投诉的风险进行监测。

（4）办公室负责对客户集体上访风险进行监测。

（5）党建部负责对供电服务事件舆情风险进行监测。

（6）各县供电公司负责对本地区供电服务风险进行监测，并及时上报市供电公司相关部门。

4.3.1.2 预警会商

各单位监测发现风险隐患后，应及时向公司有关部门进行上报，启动会商机制，共同对当前形势进行分析和评估，制订出科学合理的预警方案和应对措施。

4.3.1.3 预警发布

根据会商研判结果，准确及时发布应急预警信息。预警信息内容应包括预警级别、预警区域、预警起始时间、预计持续时间以及应对措施等内容。根据可能的影响范围、严重程度、紧迫性，通过固定渠道发布预警。

4.3.2 启动应急响应

各部门在公司应急小组指挥下，启动应急响应，要做到以下几点：

办公室应全面收集事件信息，并及时向市供电公司供电服务应急小组报告，立即采取措施开展应急处置工作，并督促市供电公司主动与政府有关部门联系沟通，及时启动公司内部各单位以及政府、社会相关部门和单位的协调联动机制，通报信息，开展相关工作；保障应急小组的正常运转，提供必要的后勤支持；起草和发布相关通知、报告和文件等，确保信息的准确传达和工作的规范有序。

营销部应协调各部门和资源，积极与周边地区的兄弟单位、设备供应商以及相关政府部门进行协调合作，与政府部门保持密切的沟通，及时汇报事件处理情况，遵循政府的指导和要求，共同应对供电服务事件。做好客户沟通与服务，同时，为受影响的用户提供必要的帮助和指导。针对长期停电用户，及时告知电力恢复的进度和预期时间，并制订详细的补偿措施，如费用减免和服务补偿等。对重要用户和特殊用户（如医院、学校）提供特殊保障，确保其在停电期间仍能正常运行。

运维部、配网部应做好临时供电保障。制订并实施详细的临时供电方案，确保关键设施和重要用户的电力供应不间断。做好救援队伍、设备、物资、资金等的准备工作，迅速集结人员和设备，确保应急工作高效、有序展开；同时，对临时供电设备进行实时监控，确保其正常运行并及时处理可能出现的故障。

调控中心应及时调整电网运行方式，保证电网运行安全，做好重要电力客户的应急供电工作；实时监控电网运行情况，进行负荷预测和调度调整；与各部门保持密切联系，协调电力资源调配。

安监部应监督应急响应过程中的安全措施执行情况，根据现场具体情况安排相关人员设立警戒区，执行现场紧急疏散、人员点名、传达紧急消息、执行指挥机构的公告、保护事故现场等措施，防止无关人员进入事故现场，确保救援队伍、物资运输以及人群疏散所需的通道通畅，保障救援人员的人身安全，避免不必要的伤亡。

党建部应做好舆论引导。监控舆论动态、收集和发布信息，积极正面地引导新闻报道；及时搜集相关的舆论信息，联系并接待新闻媒体，及时对外发布新闻；通过公司的官方微博等多种渠道，按模板定期更新事件处理进程、先进事例、典型人物等相关信息，做好信息发布和舆论导向工作。

供电服务指挥中心应发挥供电服务指挥中枢作用，统筹协调各部门的应急响应行动。与运维部、配网部密切配合，确保临时供电保障方案的有效实施，合理调配人员、设备和物资；与调控中心保持密切联系，根据电网运行情况及时调整指挥策略，保证电网运行安全和重要电力客户的应急供电；与营销部、供电部做好客户沟通与服务工作，确保客户需求得到及时响应，控制、避免舆情发生。

各部门在进行信息报送时应注意，要保证信息报送渠道畅通、数据准确、内容规范、口径一致，满足信息报送的及时性、规范性、准确性，应报尽报。根据事件严重程度和影响范围，各部门应安排应急值守，明确到岗到位工作安排、做好到岗到位公示发布、落实到岗到位工作要求。

4.3.3 集约管控平台数据支撑

集约管控平台提供了一个强大的工具集，包括工单量查询、停复电任务摸排、GIS 可视化监控、灾损统计、应急响应报告等模块功能，可在供电服务事前、事中、事后过程中发挥关键数据作用。下面对集约管控平台在应急响应中的功能进行逐一阐述。

4.3.3.1 应急响应一览图

（1）功能概述。应急响应一览图包括停电用户数/占比、全省停电小区数/占比、地图分布、重要信息等内容。

可展示停电用户数（占比）、全省停电小区数（占比）；鼠标放在图标上展示该单位计划停电用户数（占比）、故障停电用户数（占比）、计划停电小区数（占比）、故障停电小区数（占比）；点击全省停电用户数据，弹窗展示各单位停电用户数及占比；点击"供电单位"列支持逐级点选至供电所；点击全省停电小区数据弹出停电小区明细信息。

地图分布展示各单位停电户数占比，若某单位停电用户达到应急响应阈值，该单位颜色展示应急响应级别颜色（Ⅰ级红色、Ⅱ级橙色、Ⅲ级黄色、Ⅳ级蓝色），并且弹窗提示××单位达到××级应急响应阈值。

根据供电服务分级标准，应急响应阈值为：

省会30％以上用电客户的正常用电受到影响启动Ⅰ级响应。

省会20％以上用电客户的正常用电受到影响启动Ⅱ级响应。

省会10％以上用电客户，省内其他地级城市30％以上用电客户的正常用电受到影响启动Ⅲ级响应。

省会5％以上用电客户，省内其他地级市20％用电客户的正常用电受到影响启动Ⅳ级响应。

重要信息：展示天气预警信息、停电用户/工单量/小时级停电用户变化、停电事件、终端不在线、天气异动信息、应急响应预警信息。

（2）进入方式。点击【应急响应】—【应急保障】—【应急响应一览图】。

支持当前时间、当日累计、自定义时间查询各指标数据展示，如图4-2所示。

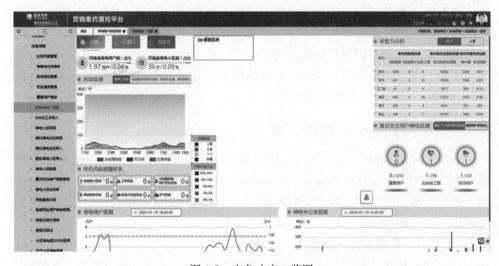

图4-2　应急响应一览图

4.3.3.2　工单量查询

4.3.3.2.1　工单量统计（按时间）

（1）功能概述。以表格的形式展示各地市近24h整点时刻工单量。

（2）进入方式。点击【应急响应】—【故障工单量监控】—【工单量统计（按时间）】。

（3）操作过程。支持按供电单位、数据来源、统计时间、是否包含县供电公司等进行查询，支持导出。

4.3.3.2.2　工单量统计（按单位）

（1）功能概述。以表格的形式展示各单位工单量。

（2）进入方式。点击【应急响应】—【故障工单监控】—【工单量统计（按单位）】。

（3）操作过程。支持按供电单位、数据来源、统计时间、是否包含县供电公司等进行查询，支持导出。

4.3.3.2.3　故障工单监控

（1）功能概述。客户报修是故障信息的重要来源之一。通过客户拨打95598热线电话，以及通过其他各类受理渠道（如在线客服、移动应用、微信小程序等）提交的报修请求，供电部门可及时获取有关电力故障的信息。这些信息包括但不限于停电、线路故障、电压异常等问题。客户报修信息能直接反映用户端的实际问题，是及时发现和解决电力故障的重要途径。

此外，客户报修信息不仅有助于及时解决当前故障，还为长期的故障预防和电网优化提供了宝贵的数据支持。通过分析历史报修信息，可发现故障多发区域和常见故障类型，从而有针对性地加强相关区域的电网维护和设备升级，提高整体供电可靠性。

（2）进入方式。点击【应急响应】—【故障工单监控】—【故障工单量监控】。

（3）操作过程

1）各时段故障工单量。点击"故障工单量监控"，展示各地市最近24h故障报修工单量、最近24h预警信息；支持按供电单位、数据来源、统计时间、是否包含县供电公司进行查询。

2）各单位故障报修工单量。点击"各单位故障报修工单量"，展示各单位故障报修工单量；支持按供电单位、数据来源、是否包含县供电公司等进行查询。

4.3.3.3　停电情况查询

4.3.3.3.1　停电信息查询

（1）功能概述。在紧急情况或灾害发生时，迅速统计和评估受影响区域和设备的损害信息对有效应对措施的制订至关重要。通过多渠道获取停电数据，形成清单，统计各单位停电情况，包括各单位停电专公用变压器台区数、停电小区数、影响用户数等数据。

（2）进入方式。点击【应急响应】—【初始灾损统计】—【停电信息查询】。

（3）操作过程。

1）查询导出。支持按供电单位、统计时间、停电类型查询停电信息，支持导出。

2）查看明细。点击停电数据中的"供电单位"支持跳转到供电所，点击"停电专用变压器台区数、停电公用变压器台区数、停电小区数"可查看明细数据，在明细页面中支持查询、导出、查看用户明细。

4.3.3.3.2　行政单位停电数据

（1）功能概述。统计各行政单位停电情况，包括各行政单位停电专公用变压器台区数、停电小区数、影响用户数等数据。

（2）进入方式。点击【应急响应】—【初始灾损统计】—【停电数据-行政单位】。

（3）操作过程。

1）查询导出。支持按市、区县、街道、统计时间、停电类型查询，支持导出。

2）查看明细。点击停电数据中的"单位"，支持逐级查看至居委会，点击"停电专用变压器台区数、停电公用变压器台区数、停电小区数"可查看明细数据，在明细页面中支持查询、导出、查看用户明细。

4.3.3.3.3　灾损统计

（1）功能概述。展示各单位时间段内停复电数据。

（2）进入方式。点击【应急响应】—【灾损统计】—【灾损统计】。

（3）操作过程。

1）停电数据。点击"停电数据"，展示各单位停电数据，支持按供电单位、统计时间、停电类型筛选查询停电信息，支持导出。

点击停电数据中的"供电单位"支持跳转到供电所，点击每行"专用变压器台区数量、公用变压器台区数量、小区数量"数字可查看明细数据，在明细页面中支持查询、导出、查看用户明细。

2）复电数据。点击"复电数据"，展示各单位复电情况，支持按供电单位、统计时间筛选查询复电信息，支持导出。

点击复电数据中的"供电单位"支持跳转到供电所，点击"专用变压器台区数量、公用变压器台区数量、小区数量"可查看复电明细数据，在明细页面中支持查询、导出、查看用户明细。

4.3.3.4　应急任务摸排

4.3.3.4.1　停复电任务摸排

（1）功能概述。对疑似停电的台区开展停复电摸排，下派停复电摸排工单。

（2）进入方式。点击【应急响应】—【应急保障】—【停复电任务摸排】。

（3）操作过程。支持按供电单位、台区编码、疑似停电时间等查询停复电任务摸排情况，支持导出，如图 4-3 所示。

图 4-3　停复电任务摸排

4.3.3.4.2　重要用户摸排

（1）功能概述。对疑似停电的重要用户开展摸排，支持下派重要用户摸排工单。

（2）进入方式。点击【应急响应】—【应急保障】—【重要用户摸排】。

（3）操作过程。支持按供电单位、台区编码、台区名称等查询重要用户摸排情况。

4.3.3.5　GIS 可视化监控

4.3.3.5.1　GIS 地图

（1）功能概述。全方位监控定位停电信息。展示居民小区抢修复电数字化指挥平台页面，支持查看停电全景信息（停电小区、抢修中小区、复电小区等信息）、停电信息（确认停电、疑似停电）、客户诉求（故障报修、投诉工单、其他工单）、主动抢修（配电变压器、线路）、配电网异常监测（配电变压器、线路）、其他信息（抢修驻点、抢修人员、二轮车、三轮车、应急发电车、抢修车、台区经理、充电桩、供电所、行政区域、网格区域、重要用户、敏感用户、防汛用户）。

（2）进入方式。点击【应急响应】—【GIS 可视化监控】—【GIS 地图】。

（3）操作过程。点击图例查看图标对应信息；点击右侧箭头图标可设置地图中显示的图标；页面下方可切换查看电网层、影像层；鼠标滑动放大缩小地图。

4.3.3.5.2 GIS 停电信息可视化

(1) 功能概述。直观展示各类应急抢修资源信息，为供电资源监控及调配提供支撑，每个抢修驻点的管辖范围通过框线明确划分，直观地显示在地图上。这种可视化的区域划分不仅帮助管理层清楚了解每个驻点的服务区域，还能在发生停电时迅速指派任务。通过这种方式，管理层能更合理地分配资源，避免重复调度和资源浪费，确保每一个抢修队伍都能在其管辖范围内高效工作。

(2) 进入方式。点击【应急响应】—【GIS 可视化监控】—【GIS 停电信息可视化】。

(3) 操作过程。点击图例查看图标对应信息；点击右侧箭头图标可设置地图中显示的图标；页面下方可切换查看电网层、影像层；鼠标滑动放大缩小地图。

4.3.3.5.3 线路停运可视化

(1) 功能概述。全方位监控各类试点线路停运信息。将抢修工单的地理位置与地图相结合，可在地图上直观地看到每个工单的位置，以及抢修队伍的分布情况。通过点击地图上的标记点，可查看该地点对应的工单的详细信息，有助于抢修队伍更好地理解抢修工作的地理分布和优先级，从而做出更合理的调度决策。地理图展示方式还可结合区域停电情况，为管理层提供一个全面的抢修进展概览，确保抢修工作有条不紊地进行。

(2) 进入方式。点击【应急响应】—【GIS 可视化监控】—【线路停运可视化】。

(3) 操作过程。点击图例查看图标对应信息；点击右侧箭头图标可设置地图中显示的图标；页面下方可切换查看电网层、影像层；鼠标滑动放大缩小地图。

4.3.3.5.4 停电小区可视化

(1) 功能概述。全方位监控各类停电小区的停电信息。

(2) 进入方式。点击【应急响应】—【GIS 可视化监控】—【GIS 停电小区可视化】。

(3) 操作过程。点击图例查看图标对应信息；点击右侧箭头图标可设置地图中显示的图标；页面下方可切换查看电网层、影像层；鼠标滑动放大缩小地图。

4.3.3.6 运行日报查询

4.3.3.6.1 停电小区数据

(1) 功能概述。展示小区停电信息。

(2) 进入方式。点击【应急响应】—【应急保障】—【停电小区数据】。

(3) 操作过程。

1) 停电小区日报。每日凌晨 4 点定时生成昨日停电小区报告，支持导出。

2) 停电小区数据。支持选择统计时间，生成统计时间段内的停电小区数据，支持导出，如图 4-4 所示。

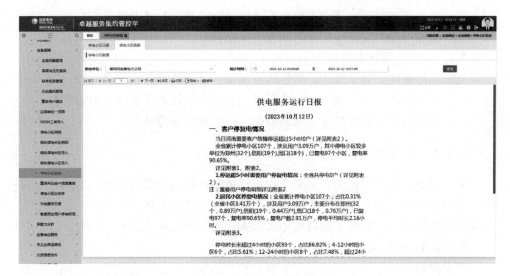

图 4-4　停电小区数据

4.3.3.6.2　停电小区明细

（1）功能概述。展示各单位停电小区明细信息。

（2）进入方式。点击【应急响应】—【应急保障】—【停电小区明细】。

（3）操作过程。支持按单位、所属线路、停电事件、复电时间、台区编号等查询该单位停电小区信息，支持导出。

4.3.3.6.3　供电服务日报

（1）功能概述。展示供电服务日报和数据。

（2）进入方式。点击【应急响应】—【应急保障】—【供电服务日报】。

（3）操作过程。

1）供电服务日报。每日凌晨 4 点定时生成昨日供电服务日报，支持导出。

2）供电服务数据。支持选择统计时间，生成统计时间段内的停电用户、重要用户、小区等数据，支持导出。

4.3.3.7　应急响应报告

4.3.3.7.1　初始灾损报告

（1）功能概述。展示每天整点时刻灾损统计专报，支持预览、下载报告。

（2）进入方式。点击【应急响应】—【应急响应报告】—【初始灾损报告】。

（3）操作过程。支持按生成时间对初始灾损报告进行预览、下载。

4.3.3.7.2　灾损报告

（1）功能概述。展示统计时间段内灾损报告，支持预览、下载报告。

（2）进入方式。点击【应急响应】—【应急响应报告】—【灾损报告】。

（3）操作过程。支持按统计时间查询灾损信息。

4.3.3.7.3 累计灾损报告

（1）功能概述。展示统计时间段内灾损报告，支持预览、下载报告。

（2）进入方式。点击【应急响应】—【应急响应报告】—【累计灾损报告】。

（3）操作过程。支持按统计时间查询灾损信息，支持导出。

4.3.4 供电服务指挥平台数据支撑

供电服务指挥平台相关应急响应模块通过数据集约和实时交互，为基层单位提供了高效工具，为一线员工提供集约、便捷、智能的现场作业支持，增强了应对突发事件的能力，提升了配电网指挥和客户服务水平和能力。

4.3.4.1 配电网综合监测中心操作流程

配电网故障的主动监测依赖于调度自动化系统、配电自动化系统、用电信息采集系统、故障指示器、智能开关主站、漏电保护系统的实时数据，这些系统共同提供了全面的监控和故障检测功能，实时获取的电网运行数据包括 10kV 主线跳闸、配电变压器（配电变压器）故障停电、分段（分支）线路跳闸（包括电流突变）、线路接地故障、配电变压器缺相（断线）、低压线路故障等。这些详细的数据为故障研判提供了全面的支持，有助于快速定位和解决电力故障。

4.3.4.1.1 系统登录

（1）功能概述。配电网综合监测中心包含停电监测与异常监测，对线路、配电变压器、用户情况进行监测，支持可视化全景监测及数据明细导出。

（2）进入方式。

1）登录【供电服务指挥平台】，输入用户名、密码。

2）点击进入【配调运营监测】—【配电网设备监测】—【配电网综合监测中心】功能模块后，系统默认进入【停电监测中心】模块，如图 4-5 所示。

4.3.4.1.2 停电监测中心

（1）功能概述。监控当前设备（用户）停电情况、停电类型、抢修情况以及各单位当前配电变压器（用户）停电情况。操作界面大致分为左、中、右三部分。左侧是停电设备情况，右侧是停电用户情况，中间是可视化展示。

（2）操作过程。

1）停电设备类型及时间选择。根据数据提取需求，在中间部分最上方可选择要查询的停电设备类型和停电时间段，系统自带的有当前、今日、昨日，点击右箭头进入自定义，可自定义停电数据时间段。根据需求，可选择是否提取全口径数据及是否包含短时停电数据。

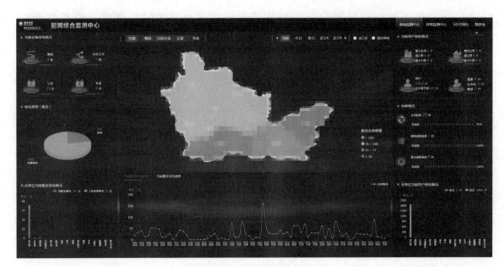

图 4-5　停电监测中心

每次进行的条件选择，整个界面均会发生数据变化。

2）设备停复电情况。以停电整线为例，在左边部分最上方，点击数字可进入停电设备明细（汇总）页面。

支持按供电单位、统计周期、停电事件、停电来源、停电类型、城农网、所属变电站、所属线路、分段分支线路、专公性质、停电状态、确认方式、是否煤改电、停电设备类型等查询、导出数据明细。

拖动明细表下方进度条，可查看停电设备负荷曲线、单线图等附加信息。

在汇总页面，支持以表格形式展示查询结果，同时每个数字均可点开查看明细。

3）用户停复电情况。以整小区停电为例，在右边部分的最上方，点击数字可进入用户停电明细（汇总）页面。

同设备停复电情况，明细中所有以超链接形式展示的数字均可点开查看更加详细的信息，并可在汇总页面查看更加详细的数据。

4.3.4.1.3　异常监测中心

（1）功能概述。监控线路和配电变压器的异常、负载率情况。操作界面大致分为左、中、右三部分。若时间选择当前，则操作界面左侧是线路异常情况、线路负载率分布及各单位线路异常分布，右侧是配电变压器异常情况、配电变压器负载率分布及各单位配电变压器异常分布，中间是按行政区域展示设备异常可视化及异常关联的工单情况。

若时间选择今日、昨日、近 3 天、近 7 天等，则操作界面左右两侧中间展示线路、配电变压器运行情况分布，可按最大负载率或异常时长查看。操作界面中间下方展示线路异常趋势，通过勾选异常类型可查看各类型线路异常数量在周期内的趋势。

（2）操作过程。

1）线路异常。以线路重载为例，点击左边部分上方异常类型下的数字，可进入线路重载明细页面。

该页面支持按供电单位、统计周期、异常时间、设备类型、异常类型、线路名称、是否煤改电等条件查询导出。与停电监测中心类似，明细中凡是以超链接形式展示的字段均可点开查看详细信息。

2）配电变压器异常。以配电变压器负载率分布为例，点击右边部分配电变压器负载率饼状图的扇区，可进入配电变压器负载率分布明细列表。

该页面支持按供电单位、统计周期、统计时间、设备类型、线路名称、台区、是否煤改电、城农网、专公性质等条件查询导出。

3）异常关联工单。点击中间部分下方的异常关联工单件数，可查询线路、配电变压器异常关联的派发工单、在途工单、办结工单、约时工单的详细情况，以及涉及的电能质量诉求件数，如图 4-6 所示。

图 4-6　异常关联工单界面

4.3.4.1.4　煤改电数据

监控煤改电设备及用户规模、设备运行情况以及相关工单情况。与监测中心其他模块功能类似，以超链接形式展示的数据均可点开查看详细信息，如图 4-7 所示。

4.3.5　启动业务互备

当 95598 工单转办及供电服务指挥业务工作饱和，备班人员全部上岗后仍无法缓解业务饱和情况时，优先启动本地市与县业务备用机制。

当本地互备能力无法缓解业务饱和时，由事发市供电公司供电服务指挥中心向省营销服务中心报备，申请组织开展省内异地支援，并向支援单位提供系统账号、知识库、停电信息、交叉供电区域等相关信息。

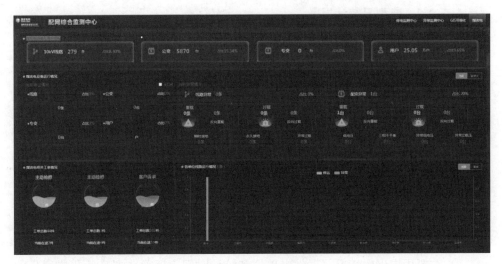

图 4-7　煤改电数据展示

4.3.6　响应调整与结束

（1）响应调整。公司供电服务事件应急领导小组在应对时，需持续评估事件的严重程度以及事件对社会的广泛影响等综合因素。根据这些因素的变化和事件分级的具体标准，领导小组进行是否调整响应级别的决策，以确保响应措施与事件的实际影响相匹配，既确保快速有效应对，又防止资源浪费或过度反应。

（2）响应结束。供电服务事件得到有效控制、危害消除后，经过领导小组综合研判，终止应急响应建议。

🎙 4.4　事　后　总　结

在供电服务指挥中心的运行业务中，应急响应的事后总结是至关重要的环节。这一部分不仅涉及对已经发生事件的回顾和评估，还关系未来预防措施的制订和应急管理体系的持续改进。

4.4.1　应急数据分析

依托营销集约管控平台，通过分析应急响应处置过程中产生的全量数据，为事后总结提供数据支撑，也为应急预案的优化提供数据依据。

4.4.1.1 典型日统计报表

根据本月的日期编辑典型日类型（高温、台风、暴雨、大风、雷电、雷雨大风、沙尘暴、冰雹、暴雪、寒潮、道路、霜冻、霾结、其他），也可选择历史月份查询/编辑历史月份典型日类型。

（1）功能概述。展示各地市/各单位近 15 天全量停电用户、重要用户停电情况、小区停电情况、全渠道业务诉求、意见、故障报修、舆情、95598 话务、重要服务事项报备在典型日/非典型日的数据展示。

（2）进入方式。击【应急响应】—【应急保障】—【典型日统计报表】。

（3）操作过程。

1）全量停电用户。据供电单位、统计时间、类型来查询全量停电用户；剔除停电时长 30min 及以下用户；每小时平均停电用户；停电峰值及峰值时间；查询结果显示各地市、各单位的数据。

2）重要用户停电情况。据供电单位和统计时间，展示典型日及非典型日的各地市每天重要用户停电情况和平均值。

3）小区停电情况。根据供电单位、统计时间、类型、小区类型，展示各单位每天小区停电数和平均值。

4）全渠道业务诉求。根据供电单位、统计时间、类型、小区类型，展示各单位每天全渠道业务诉求量和平均值。

5）投诉。根据供电单位、统计时间、类型、小区类型，展示各单位每天投诉工单量和平均值。

6）意见。根据供电单位、统计时间、类型、小区类型，展示各单位每天意见工单量和平均值。

7）故障报修。根据供电单位、统计时间、类型、小区类型，展示各单位每天故障报修工单量和平均值。

8）舆情。根据供电单位、统计时间、类型、小区类型，展示各单位每天舆情工单量和平均值。

9）95598 话务量。根据供电单位、统计时间、类型、小区类型，展示各单位每天 95598 话务量和平均值。

10）重要服务事项报备。根据供电单位、统计时间、类型、小区类型，展示各单位每天重要服务事项报备工单和平均值。

4.4.1.2 小区停电超 24h 报表

（1）功能概述。根据供电单位、停电时间、停电来源、市供电公司、区县、街道、居委会、道路、小区、停电类型、停电时长、是否已复电筛选小区停电超 24h 数据。

（2）进入方式。点击【应急响应】—【应急保障】—【小区停电超 24h 报表】。

（3）操作过程。选择供电单位、停电时间、停电来源、市供电公司、区县、街道、居委会、道路、小区、停电类型、停电时长、是否已复电等条件，点"查询"，查出停电时长超 24h 小区，支持导出。

4.4.1.3 千户小区停电报表

（1）功能概述。根据供电单位、停电时间、停电来源、市供电公司、区县、街道、居委会、道路、小区、停电类型、停电时长、是否已复电筛选千户小区停电报表。

（2）进入方式。点击【应急响应】—【应急保障】—【千户小区停电报表】。

（3）操作过程。选择供电单位、停电时间、停电来源、市供电公司、区县、街道、居委会、道路、小区、停电类型、停电时长、是否已复电等条件，点"查询"，查出超千户小区停电数据，支持导出。

4.4.2 总结评价

通过事后总结，系统分析和识别应急响应过程中的优点和不足，可有助于更准确地识别潜在风险，有针对性地制订更有效的管理策略，提高整体的应急响应效率和效果。

4.4.2.1 事后总结的价值

（1）有助于提升应急能力。通过对整个应急响应过程进行回顾与分析，有针对性地对事件处理中暴露出响应速度较慢、资源调配不合理、沟通不畅等问题进行改进，调整应急预案中的流程、措施和资源配置，提升未来应急响应的效率和质量，使其更加符合实际需求，提高应急预案的实用性和可操作性。

（2）优化风险管理。通过深入分析事件发生的原因，找出潜在的风险因素，并采取相应的预防措施，为风险管理提供更加科学的依据，可降低类似事件再次发生的可能性，减少供电服务的影响和损失。

（3）增强团队协作。通过分析、改进应急小组在响应过程中的协作流程，可重新审视各部门在应急响应中的职责分工是否合理，促进各部门沟通协同，加强部门之间的协调配合，提高团队协作效率和顺畅度。

4.4.2.2 事后总结的方法

完备的事后总结可从事件回顾、应急响应评估、问题与不足、经验教训、改进措施等方面展开。

（1）详细分析事件发生的时间、地点、涉及的范围和影响程度，梳理事件的发展过程，从时间的起因开始，到应急响应的启动、实施过程以及最终的结果，记录事件发展中的关键节点和重要决策。

（2）评估应急响应过程中的信息传递速度，各部门人员和设备的集结时间，评估临时供电方案、用户沟通与服务、电网运行调整等措施是否达到了预期的效果，评价各部门之间的协作配合情况。

（3）从技术、管理、人员等方面，总结应急响应过程中出现的问题和不足，进行深入分析，确定问题根源，评估问题的严重程度和优先级，为后续的改进提供依据。

（4）从快速响应、有效措施、团队协作等方面，提炼总结应急响应过程中的成功经验和做法，整理和归纳形成知识文档，用于后续应急处置中学习和参考。

（5）根据问题和不足，制订具体的改进措施和计划，包括改进的目标、责任人、时间节点和资源需求等，对改进措施的实施情况进行跟踪和监督，将事后总结作为一个持续改进的过程，定期对改进措施进行评估，根据评估结果进行调整和优化，以不断提高应急响应能力和供电服务水平。

🎙 4.5 应 急 案 例

4.5.1 背景介绍

入夏以来，高温、大风及暴雨等恶劣天气频发，居民降温用电量逐渐攀升，企业生产活动频繁，城区配电线路和配电变压器重过载情况突出，设备故障率增加，局部地区个别时段有可能出现电力供应紧张局面，形势严峻。

4.5.2 事件起因

7月5日突发恶劣天气，自9:00开始持续强降水伴随大风；10:30，A市气象局发布暴雨红色及大风橙色天气预警，A市部分乡镇和街道将受暴雨天气影响，未来3h内降水量达100mm以上，风力达到10级以上。

4.5.3 应急响应

（1）启动预警。根据气象局发布的大风、暴雨红色预警与集约管控平台天气异动情况主要影响A市中部及西北区域，市供电公司95598依托集约管控平台应急响应模块及供电服务指挥平台配电网综合监测中心设备停电模块，重点监测停电小区、停电用户（含重要用户）等异动情况，启动公司供电服务事件四级预警。

（2）成立应急工作小组。

1）配电网调度工作组。组长：主任；副组长：分管生产副主任；成员：配电网调控班、系统运维班。

2）服务指挥工作组。组长：主任；副组长：分管服务副主任；成员：服务指挥班、质量管控班

（3）职责分工。

1）组长负责对突发事件应急措施进行重大决策；负责对突发事件应急全过程进行监督及协调。

2）副组长负责应急工作的组织、协调工作，并负责监督应急工作的开展情况及进度；负责传达各项应急工作要求；负责突发事件的应急指挥。

3）各班组负责同志应急备班人员，须按时间节点提前至工作场所，积极响应预警启动，坚决落实工作安排，及时向上反馈事件过程最新情况，具体为：

配电网调控班负责指挥、协调管辖范围内配电网设备操作和方式调整；负责指挥、协调管辖范围内配电网事故处理；负责管辖范围内配电网故障停电信息传递，加强"重要用户""生命线用户""恶劣天气用户""易淹设备"线路监视。

系统运维班加强机房、蓄电池室特巡，做好蓄电池室紧急恶劣天气准备，核查配电自动化系统主站端运行正常。

服务指挥班负责做好恶劣天气报备工作；做好信息传递和发布，故障停电在故障发生后 30min 内进行发布；负责高度关注三个清单（重要用户、敏感民生用户、千户小区）电力保供个案问题。

质量管控班负责开展设备运行、服务行为等监督预警，协同专业部门及时管控，避免诉求升级外溢。

4.5.4 风险监测上报

通过集约管控平台应急响应一览图监测停电用户已达 20%，达到供电服务应急响应Ⅳ级阈值，因暴雨天气导致 A 市出现多条线路同时跳闸，以及国家电网故障工单及主动抢修工单量突增，A 市立即启动班组应急响应预案，值班人员通知备班组 20min 内赶到工作现场。

4.5.5 响应启动

（1）A 市内部工作。服务指挥班通过集约管控平台停电小区可视化监控界面、供电服务指挥平台停电监测中心界面，持续监控小区和用户停电情况。

通过集约管控平台自动生成小时级停电报告，其中停电用户 26.5 万户，占比 20%，停电重要用户 13 户，A 市供电公司已按时报送市供电公司应急指挥部。

服务指挥班班长现下令分配任务。当班值班员 A 和 B 负责主动抢修及国家电网非抢修工单接派，确保工单及时接派；当班值班员 C 和 D 负责国家电网故障工单；加强人员 E 和 F 负责恶劣天气重要服务事项报备及停电信息的录入

发布。

值班员及备班人员分别就位,各司其职。

1h后,A值班员:目前,主动抢修待处理量已达140件;C值班员:目前,国网故障工单待处理量已达150件;E值班员:已录入停电信息35条,同时接收到配调短信,某变电站A相接地导致发生多条线路同时跳闸,通过集约管控平台可视化界面,实时显示52个小区由正常状态变为停电状态,显示为红色,95598工单转办及供电服务指挥业务工作饱和,需互备市支援;班长:向市供电公司服务指挥班值班长报备,请求启动地市互备支援;市供电公司值班长:请联系互备B市进行支援。

(2)95598业务跨区支援。

A市:受恶劣天气影响,目前停电用户持续攀升,95598工单转办及供电服务指挥业务量激增,市级备用机制已不能满足业务需求,现请求协调安排开展跨区异地支援,已将供服账号、密码通过即时通传递至B市。

B市:收到。已安排人员登录系统,完成系统迁入工作,已利用国网95598知识库熟悉A公司各供电单位及交叉供电区域信息、停电范围、线路等相关信息。请分配支援任务。

A市:请你们负责国家电网非抢修工单的接派,以及国家电网故障工单(自动派发失败)需人工手动派至指定供电所App。

B市:收到。现立即开展支援任务。

4.5.6 强化舆论管控

服务指挥班利用专业协同+内外部协同机制,开展7×24h舆情监测,科学研判、系统处置各类重点敏感负面舆情。

(1)信息上报。质量管控班、服务指挥班利用集约管控平台和供电服务指挥平台,查询相关工单、停电信息,从行政区市、供电单位"两个视角",实时统计分析当前的停电线路、影响台区、影响小区、影响用户"四类数据",在微信工作群中定时发布,精准指挥现场开展配电网抢修工作,支撑专业管理部门决策管理,并做好停电台区、停电小区的收集汇总工作。服务指挥班督促现场及时反馈抢修进度及预计复电时间,每隔2h通报当前情况。

【当前停电情况】截至15:00,市区当前停电线路120条,停电影响台区3000台,涉及用户26.5万户。

(2)响应结束。30min后:

A市:接配调通知,目前停电线路已全部恢复正常供电,95598工单转办及供电服务指挥业务量趋于平稳,通知B市解除互备支援。

B市：收到。应急加强人员全部下线，汇总支援期间共记录处理故障报修 73 件，非抢修工单 82 件。

A市：非常感谢 B 市对我们工作的支援，同时向市供电公司汇报解除应急互备支援。

（3）事后总结。本次事件导致故障停电线路 126 条，停电影响台区 3226 台，涉及用户 26.8 万户，小区 709 个，重要用户 16 个。累计复电用户 26.6 万户，小区 692 个，重要用户 16 个。对内通过部门协同，启动互备机制，应急处置平稳有序；对外通过多种渠道及时向公众发布停电信息和抢修进度，一定程度上缓解了公众的焦虑情绪，应急响应期间未发生用户投诉。

第五章

供电服务指挥数字化转型

🎤 5.1 数字化转型战略解读

近年来，国家电网公司相继提出"1135"新时代配电管理思路、工单驱动业务、数字化班组、新一代设备资产精益管理系统（PMS3.0）、新型电力系统、现代智慧配电网等战略目标，为供电服务指挥业务数字化转型指明了方向。下面分别对上述战略目标进行解读。

（1）"1135"新时代配电管理思路。2019 年，国网设备部提出要坚持以客户为中心，以提升供电可靠性为主线，做深标准化建设、做细精益化运维、做实智能化管控，全面建设"结构好、设备好、技术好、管理好、服务好"的一流现代化配电网。

（2）工单驱动业务。2020 年，国网设备部下发《国网设备部关于建立工单驱动业务配电网管控新模式的指导意见》（设备配电〔2020〕58 号），提出依托供电服务指挥中心，开展配电网状态主动监测和数据挖掘分析，通过主动运维、主动检修、主动抢修三类工单的发起、执行、跟踪、督办，对配电网运检业务进行数字化、透明化、流程化、痕迹化管控，全面推进配电网专业管理模式和运维工作方式转型升级，持续提升配电网精益管理和供电服务水平。

（3）数字化班组。2021 年，国网设备部下发《国家电网有限公司关于印发设备运检数字化班组建设方案的通知》（国家电网设备〔2021〕102 号），提出落实"放管服"工作要求，增强基层班组"获得感"，实现班组减负和提质增效，支撑公司设备管理数字化转型。

（4）新一代设备资产精益管理系统。2021 年，国网设备部会同互联网部召开公司新一代设备资产精益管理系统（PMS3.0）建设工作部署暨顶层设计启动会，提出立足公司数字化发展战略，适应现代设备管理体系，以电网资源业务中台为核心，构建新一代设备资产精益管理系统（PMS3.0）。

（5）新型电力系统。2022 年，国家电网公司发布《新型电力系统数字技术支撑体系白皮书》，提供了"三区四层"架构体系，即生产控制大区、管理信息大区和互联网大区"三区"，以及数据的采、传、存、用"四层"，统筹电力系统各环节感知与连接，基于电网资源业务中台，打造企业级实时量测中心，在线汇聚全环节采集数据，推动各类业务应用贯通与灵活构建，实现设备透明化、数据透明化、应用透明化。

（6）现代智慧配电网。2023 年，国家电网公司提出现代智慧配电网概念，智慧配电网是新型电力系统的配电网形态，它以智慧化赋能为驱动、以能源转型与数字化转型深度融合为路径，满足电力安全保障、能源绿色转型、资源优化配置的要求，是服务现代经济社会高质量发展的必然演进和必然选择，具有安全可靠、经济高效、清洁低碳、智慧融合等特征。

🎤 5.2　数字化转型系统平台

供电服务指挥业务数字化转型既要解决当前配电网在透明感知、流程贯通、业务支撑方面存在的传统问题，又要适应现代设备管理体系、新型电力系统对配电网提出新型挑战。

根据国家电网公司相关文件要求，供电服务指挥业务数字化转型的整体思路为：遵循 PMS3.0 系统"三区四层"总体架构，充分发挥配电系统电网状态感知和中台数据聚合共享的优势，通过大数据、人工智能等新技术手段建设"架构统一、模型统一、服务统一、标准统一"的配电网数字化管控微应用群，推动配电网供电服务指挥数字化转型，聚焦业务质效提升、服务能力提高、业务流程再造、管理模式优化四个方向，打造状态实时监控、能源动态平衡、业务工单驱动、管理智能决策的数字化配电网。

为响应这一转型思路，近年来，公司打造以电网资源业务中台、数据中台、技术中台、企业级实时量测中心、"电网一张图"为支撑的数字基础底座，通过共性业务、数据、技术能力沉淀，为推动供电服务指挥业务数字化转型奠定了基础。

（1）企业中台。企业中台是企业级能力共享平台，包含业务中台、数据中台和技术中台，目标是沉淀共性业务和数据能力，实现能力跨业务复用、数据全局共享，形成"强后台、大中台、活前台"架构体系，支持快速、灵活搭建前端应用，支撑业务快速发展、敏捷迭代、按需调整。

其中业务中台定位于将公司核心业务中需要跨业务复用的资源和能力整合为企业级共享服务，消除业务断点，避免重复维护，主要侧重于支撑业务处理。数据中台定位于将公司各专业、各单位数据汇聚整合为企业级数据服务，提供便捷应用能力，满足跨专业数据需求，主要侧重于支撑数据分析应用。技术中台定位于为公司业务提供"架构统一、技术先进、服务智能"的企业级基础公共服务。

1) 业务中台。整合分散在各专业的电网设备、拓扑等数据，实现电源、电网到用户全网数据的统一标准、同源维护、统一管理，形成"电网一张图"，将共性业务沉淀形成电网设备资源管理、资产（实物）管理、拓扑分析等共享服务，支撑规划建设、生产检修、客户服务等业务快速、灵活构建。重点解决公司电网资源模型不统一，输变配设备、专线专用变压器、电网拓扑等电网资源数据分散维护、多处存储，核心资源资产数据不唯一、不准确，电网资源服务能力重复建设等问题。

2) 数据中台。汇聚分散在各专业系统的孤立、异构的原始业务数据，按统一模型进行清洗、转换、整合，实现数据标准化、集成化、标签化统一存储，提供数据资源、数据分析和数据标签等共享服务，打破专业壁垒，提升数据便捷应用能力，缩短数据价值变现的过程。

3) 中台间的关系。电网资源业务中台将基础、共性、稳定的电网资源业务功能沉淀形成共享服务，供前端应用调用，并将相关业务生成的数据存储在业务中台。同时电网资源业务中台将"一张网"数据同步至数据中台，在数据中台形成全量的历史数据集，并通过数据中台实现对其他业务数据的共享。技术中台为业务中台、数据中台提供统一的人工智能、GIS、身份认证等基础技术服务。

（2）企业级实时量测中心。企业级实时量测中心包括数据实时接入、统一模型建设、存储计算能力升级、共享服务建设、业务场景应用、运营保障体系六个方面的建设内容。基于测点管理中心扩展建设实时量测中心，深化同源维护，构建实时分析服务，实现全环节电网可描述、可观测；协同各源端系统，实现电类、非电类采集数据实时接入，保障采集数据统一、完整、准确；整合云平台算力资源，构建 Blink＋Spark 流批一体处理架构，实现低延时、高吞吐、高稳定的海量实时数据处理，满足企业级实时数据分析、计算等要求；与数据中台协同，全量汇聚历史数据，强化电网数据价值挖掘；提供实时服务能力支撑，驱动业务数字化转型。

（3）"电网一张图"。多维多态"电网一张图"在建设时，需要遵循以下路径：①在夯实静态电网基础数据质量基础上，补全电源侧及用户侧信息；②基于企业级实时量测中心，开展动态电网建设及规模化应用；③进一步结合气象、视频等电网周边信息开展融合分析、预警等试点建设工作；④结合 PMS3.0 和新一代应急、营销业务等统推系统深化应用内容，开展基于"电网一张图"的改造及实用化工作。

"电网一张图"具有多元数据融合分析功能，可将电网网架、设备资产、实时量测、气象环境、在线视频及地图等多元信息深度融合分析，实现电网网架全景可见、设备信息链路可查、运行状态实时分析、电网环境全息感知、"电网与地图"双向驱动五大核心能力，支撑多形态电网专题分析应用。

🎤 5.3　数字化转型配电网基础

5.3.1　配电网数字化监控终端布点原则

5.3.1.1　配电终端（馈线终端 FTU 和站所终端 DTU）布点原则

新建配电线路按一、二次"同步规划、同步设计、同步建设、同步投运"的原则，所有新建开关均选用一、二次融合开关，根据开关类型配置馈线终端 FTU 和站所终端 DTU。

对于配电线路关键性节点，如主干线联络开关、分段开关及进出线较多的节点，应优先配置配电终端。架空线路馈线终端 FTU 建议配置标准见表 5-1。

表 5-1　　　　　　　　　架空线路馈线终端 FTU 建议配置标准

供电区域	馈线自动化模式	配置标准	备注
A+、A	集中型	架空线路全部分段（混合线路主要分段）、联络开关，为一、二次融合开关，配置 FTU	—
B、C	集中型	至少两个分段开关、1 个联络开关、大分支线路首端开关、大专用变压器用户分界开关、中压分布式光伏接入点并网开关，为一、二次融合开关，配置 FTU	线路长度小于 5km 或大于 10km，可适当减少或增加"三遥"一、二次融合开关，配置 FTU
D	集中型	至少有两个分段开关、大分支线路首端开关、大专用变压器用户分界开关、中压分布式光伏接入点并网开关，为一、二次融合开关，配置 FTU	线路长度小于 5km 或大于 10km，可适当减少或增加分段一、二次融合开关，配置 FTU

电缆线路站所终端 DTU 宜符合表 5-2、表 5-3 配置标准。

表 5-2　　　　　环网（双环、单环）结构电缆线路站所终端配置标准

供电区域	馈线自动化模式	配置标准
A+、A	智能分布式	全部站室配置 DTU
	集中型	开关站全部配置 DTU。 双环网联络点所在站室配置 DTU，联络点两侧线路中段各有 1 个站室配置 DTU。 单环网全部站室配置 DTU
B、C	集中型	开关站全部配置 DTU。 双环网联络点所在站室配置 DTU，联络点两侧线路中段各有 1 个站室配置 DTU。 单环网所有站室配置 DTU

表 5-3　　　　　非环网（双射、对射、单射）结构电缆线路站所终端配置标准

供电区域	馈线自动化模式	配置标准
A+、A、B、C	集中型	开关站全部配置 DTU。 从变电站（开关站）出线至供电末端至少选择一个重要分段位置站室配置 DTU

处于线路末端位置的单电源进线的箱式变电站（包括环网型和终端型箱变）不宜配置 DTU。

一、二次融合分界开关安装包括安装位置和安装优先级两部分内容，视线路类型决定一、二次融合分界开关安装配电终端为馈线终端 FTU 或站所终端 DTU）。

（1）安装位置（新装）。

1）新报装高压用户直接接入主干线或大支线的，在新报装用户负荷支线接入主干线处应加装一、二次融合分界开关，接入大支线处宜加装一、二次融合分界开关，如图 5-1 所示。

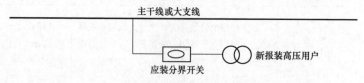

图 5-1　一、二次融合分界开关安装情况（第一类）

2）新报装高压用户所在小支线接入主干线或大支线处未加装一、二次融合

分界开关的，在新报装用户负荷支线接入小支线处宜加装一、二次融合分界开关，如图 5-2 所示。

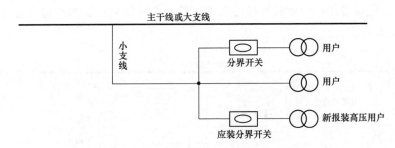

图 5-2　一、二次融合分界开关安装情况（第二类）

3）新报装高压用户所在小支线接入主干线或大支线处已加装分界开关的（该开关不视作与用户产权分界点），在新报装用户负荷支线接入小支线处不宜加装一、二次融合分界开关，如图 5-3 所示。

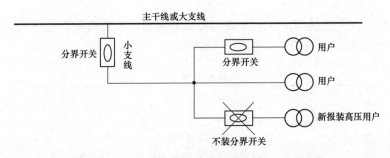

图 5-3　一、二次融合分界开关安装情况（第三类）

4）新报装高压用户接入小支线后，支线所带用户数大于 5 个且原小支线接入主干线或大支线处未加装一、二次融合分界开关的，在新报装用户负荷支线接入原小支线处宜加装一、二次融合分界开关，如图 5-4 所示。

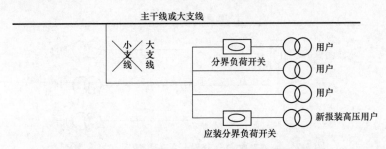

图 5-4　一、二次融合分界开关安装情况（第四类）

5）新报装高压用户接入小支线后，支线所带用户数大于 5 个且原小支线接入主干线或大支线处已加装一、二次融合分界开关的（该开关不视作与用户产权分界点），在新报装用户负荷支线接入大支线处不宜加装一、二次融合分界开关，如图 5-5 所示。

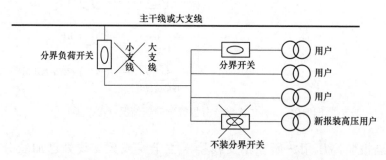

图 5-5　一、二次融合分界开关安装情况（第五类）

（2）安装位置（补装）。

1）用户负荷支线接入主干线或大支线处未装一、二次融合分界开关的，宜补装一、二次融合分界开关，如图 5-6 所示。

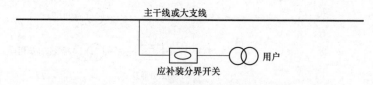

图 5-6　一、二次融合分界开关安装情况（第六类）

2）用户负荷支线接入小支线处未加装一、二次融合分界开关的，宜在小支线接入主干线或大支线处补装一、二次融合分界开关（该开关不视作与用户产权分界点），如图 5-7 所示。

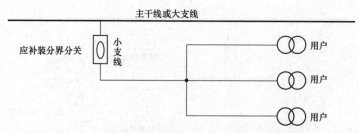

图 5-7　一、二次融合分界开关安装情况（第七类）

3）用户负荷支线接入小支线处均已加装一、二次融合分界开关的，在小支线接入主干线或大支线处不再补装一、二次融合分界开关，如图5-8所示。

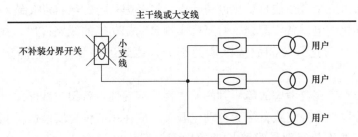

图5-8　一、二次融合分界开关安装情况（第八类）

（3）安装优先级（新装）。新装时，为确保安装的一、二次融合分界开关能发挥最大效果，应按以下顺序加装一、二次融合分界开关：

1）带重要用户线路。带有二级及以上重要用户的线路，在新装用户负荷支线或小支线处加装一、二次融合分界开关。

2）施工用电。报装为临时施工用电的新装用户。

3）内部10kV架空线路长度大于200m的新装用户。

4）内部存在10kV直埋电缆的新装用户。

5）其他新装用户。

（4）安装优先级（补装）。补装时，各单位应充分结合技改项目，补充安装一、二次融合分界开关。为确保一、二次融合分界开关在安装后发挥最大效果，应按以下顺序进行补装：

1）故障高发用户。发生过2次及以上因内部原因引发线路故障的用户，在用户负荷支线处补装分界开关。

2）近期故障用户。1年以内发生过因内部原因引发线路故障的用户，在用户负荷支线处补装一、二次融合分界开关。

3）带重要用户线路。带有二级及以上重要用户的线路，线路所带用户或小支线补装一、二次融合分界开关。

4）故障高发小支线。1年以内发生过非用户原因故障的小支线，在小支线接入主干线或大支线处补装一、二次融合分界开关。

5）施工用电。内部有临时施工用电的用户，在用户负荷支线处补装一、二次融合分界开关。

6）其他线路或用户。

5.3.1.2　故障指示器布点原则

严格执行故障指示器选型的相关要求，充分考虑线路类型、中性点接地方式、配电终端功能等因素，变电站同一母线（含同一母线延伸的开关站）馈出配电线路应选择同一技术原理的故障指示器。

规划布点应结合馈线自动化设备建设统筹考虑，与配电自动化终端、一、二次融合标准化配电设备相配合。对于已实现自动化功能的线路区段，故障指示器可用于两个自动化开关间故障区段的细分，达到进一步缩小故障定位区间的目的。

规划布点应充分考虑故障研判的便捷性、准确性，若架空线路站外首端、主干线主要分段、大分支线首端无自动化开关，应在相应位置安装故障指示器。安装间隔需考虑负荷密度、线路长度等因素，城市区域宜 1~2km，农村地区宜 3~5km，对于地理环境恶劣、故障巡查困难、故障率较高、接地故障次生事故危害较大的线路，可适当提高安装密度。

安装处的配电线路日平均负荷电流不应低于 5A；对于低负载（小于 5A）线路，可选用 3A 或 1A 取电型采集单元。

安装位置前应进行现场勘查，选取光照条件适宜的位置、高度，并对通信信号进行测试，满足暂态录波型故障指示器所需信号及其强度要求。若信号强度不满足要求，应协调相应通信运营商增强信号覆盖，或更换安装位置。若线路所在区域的光照强度确实不满足要求，可考虑采用线路取电型汇集单元设备。

5.3.1.3 融合终端布点原则

融合终端配置总体思路：配置在现有台区终端难以满足的高价值核心应用场景。通过对当前业务发展和终端应用情况的梳理，重点在有以下需求的台区配置：

（1）有农网台区剩余漏电流装置监测与管理需求的台区。主要包括采用 TT 接地型的居民用户的台区；频繁因漏电流保护动作（60 日 3 次）造成停电的台区；以变流器（光伏、充电桩、储能）方式直接接入的分布式电源及新型负荷占配电变压器容量的 25% 及以上的配电台区。为这类台区配置融合终端，实现对漏电保护装置的运行状态实时监测与管理。

（2）有低压配电设备电压质量管理需求的台区。主要包括发生用户电压越上限或越下限、有无功治理装置且台区功率因数低于 0.9 的配电台区。为这类台区配置融合终端，依托无功补偿装置、SVG 与各级线路断路器等装备，实现无功电压问题协同治理。

（3）有配电台区电能质量监测需求的台区。主要包括规划未来两年内分布式电源装机容量占台区容量达到 25%，分布式储能装机容量占台区容量达到 25%，充电设施装机容量占台区容量达到 25%，中心城区大型居民小区、重要用户、民生类公共建筑较多的配电台区。为这类台区配置融合终端，实现对配电变压器台区谐波和直流分量进行实时监测记录、分析和溯源。

（4）有配电站房监控需求的台区。主要包括在防洪泄洪区、低洼易涝的配电站房，在 A 类及以上供电区域的配电站房，大中型小区配电站房，文保区的配电台区，中心城区大型居民小区、重要用户、民生类公共建筑较多的配电台区。为这类台区配置智能融合终端，实现站房环境量、设备状态量的在线监测，并通过视频实现远程巡视。

（5）有配电网综合故障研判应用需求的台区。主要包括存在雷电活动频繁的配电台区、居民住宅区采用高压熔丝保护的台区。为这类台区配置智能融合终端，综合应用中压配电终端和低压终端运行数据，实现配电网缺相等故障快速处置和定位。

（6）有可控源荷调节控制需求的台区。主要包括有 V2G、有序充电、车网互动的配电台区，未来两年分布式光伏并网容量达到或超过 80％的配电台区，有分布式储能接入的配电台区。为这类台区配置智能融合终端，开展台区充电设施、分布式光伏、分布式储能接入管理，保障配电网经济运行，满足主网削峰填谷运行需求；采集新型源荷并网点的电压、电流等运行信息，对于不具备柔性控制能力，采取刚性控制方案；对于具备可调接口，采取柔性控制。

5.3.1.4 配电站房辅助监控布点原则

配电站房应建设站房辅助监控系统（智能巡检控制系统），实现环境监测、辅助设备控制、安防监测管理、设备状态检修和视频监控功能。将监测信息接入配电自动化主站，由配电自动化云主站实现对各类传感器数据的统一监测，当有报警信息时，将报警信息推送供电服务指挥平台形成主动运维工单。

针对不同类型的配电站房，按其重要程度进行智能配电站房系统方案配置，可分为简单型、标准型、增强型及选配方案，分别适用于不同地区、不同特征需求的配电站房。感知内容配置见表 5-4。

表 5-4 配电站房感知内容配置列表

序号	感知对象	所需设备	配置参考	简单型	标准型	增强型
1	温湿度监测（柜外）	温湿度传感器	≤4（$20m^2$1个）	√	√	√
2	浸水监测（柜外）	水浸传感器	站房最低处1个，每个电缆通道口1个	√	√	√
3		水位传感器	集水井最低处1个			√

续表

序号	感知对象	所需设备	配置参考	简单型	标准型	增强型
4	有害气体监测（柜外）	SF_6气体监测传感器	有 SF_6 时必配，围绕 SF_6 充气柜区域最少1个，间隔不大于 5m；无 SF_6 时不配	选配	选配	选配
5		臭氧传感器	围绕高压柜区域最少1个			√
6	站房火灾监测（柜外）	烟雾传感器	参照安防标准（≤4，20m²1个）	√	√	√
7	环境联动控制	风机联动装置	风机电源箱处1套	√	√	√
8		空调/除湿联动装置	空调/除湿处1套	√	√	√
9	安防联动控制	灯光联动装置	1套	√	√	√
10	站内电池电压、电流等运行状态监测（柜内）	蓄电池监测传感器	有直流屏处配置	选配	选配	选配
11	变压器运行噪声监测	变压器噪声探测器	每台变压器1个		√	√
12	变压器连接桩头温度监测	变压器桩头温度探测器	变压器每个桩头1个			√
13	电缆桩头温度监测（柜内）	开关柜电缆桩头温度探测器	每个桩头1个			√
14	站房空间局放监测（柜外）	特高频局放探测器	开关柜区域中心处1个	√	√	√
15	开关柜电缆舱内防凝露监测（柜内）	防凝露控制装置	每个柜内配置			选配

5.3.2　提升配电网透明化感知能力

5.3.2.1　优化中压配电网部署模式

（1）新建配电线路应按"同步规划、同步设计、同步建设、同步投运"的原则，推进一、二次融合设备有效覆盖及应用。存量配电线路根据供电区域、目标网架和供电可靠性要求的差异，匹配不同的终端和通信建设模式开展建设改造。对于A＋、A类和部分B类区域，在配电线路分段、分支、联络和用户分界开关侧安装自动化终端，通过智能分布式、集中式等馈线自动化模式，实现"可观、可测、可控"及故障精准隔离自愈；针对部分 B 类和 C 类及以下区域，在线路分段、分支等关键节点安装就地式自动化终端，采用就地型馈线自动化或级差保护模式，实现"可观、可测"及故障快速隔离。

（2）线路保护以"就地型馈线自动化＋级差保护"为主。不同地区根据供电可靠率目标要求，计算馈线自动化覆盖率指标，测算配电自动化"三遥"开关建设改造数量及投资，持续提升馈线自动化覆盖水平。深化远传型故障指示器的应用，充分发挥故障指示器对接地故障的快速、准确定位能力，提升配电线路单相接地故障处置效率。

（3）优先开展负荷较高、变压器容量较大、分布式电源接入、高发故障的用户分界开关加装工作；参与有序用电、可调节负荷资源池的用户，全部安装"三遥"分界开关，不断扩大配电网精准负荷控制范围；无须覆盖分界开关的线路，按"最小化精准采集＋系统计算推演"技术路线，实现中压状态局部感知。

（4）在配电环网箱、开关站、多回共沟电缆、配电站房、光伏并网点等重要的节点推广应用成熟的"端"设备，实现对设备状态、运行环境、安防、新能源等信息全量感知、远程自动运维和主动预警抢修。针对环网箱、柱上断路器、配电电缆、配电变压器等配电设备，应充分考虑设备健康状态和关键环境信息的监测预警，实现对设备状态智能分析和故障快速精准处置。

5.3.2.2 推进低压配电网透明化建设

（1）按"一台区一终端"原则，推广新型台区智能融合终端建设应用，实现营配数据本地深度融合。修订完善低压配电网典型设计方案，保障新建台区同步建设、同步投运智能融合终端；未安装智能融合终端的台区按"最小化精准采集＋系统计算推演"技术路线，结合配电自动化、用电信息采集系统实现低压配电网初步可观；有分布式电源接入需求的存量台区通过设备改造安装智能融合终端，实现数据交互和负荷控制。

（2）应用智能融合终端开展低压漏电电流及无功补偿管理，对于安装剩余电流动作保护器、无功补偿装置的台区，开展融合终端边缘计算 App 的应用，实现漏电电流及无功补偿状态的实时监测。

（3）规范低压智能断路器、智能电容器、分布式光伏并网断路器等标准，低压智能断路器建设以台区新建为主，存量台区根据接入分布式电源情况，确定光伏并网断路器差异化建设安装方案。探索温、湿度传感器等物联传感装置在低压配电网的标准化接入及应用方案，逐步实现低压配电网全状态监测。

5.3.2.3 保障通信及网络安全

（1）电缆网优先采用光纤通信方式，架空线路优先采用无线通信方式。接入生产控制大区的终端通信方式以光纤为主、加密无线虚拟专网为辅，结合业务需求适度延伸配电网光纤覆盖面，光缆与电缆同步敷设。强化无线遥控业务应用，加强 5G 切片技术探索，实现新建终端 5G 无线遥控技术应用全面落地；开展 4G 遥控安全技术方案可行性研究，存量"三遥"终端逐步有序开放 4G 遥控。台区本地通信以多模通信为主，推广融合 HPLC、微功率无线、低功耗无线等通信模式的多模单网通信网络。

（2）基于国产商用密码技术进一步完善本地加密机制。增量终端具备可信启动机制、安全监测探针，实现安全度量及安全监测；存量终端通过外接加密通信模块满足防护要求。加强终端无线运维安全认证技术应用，确保现场终端运维安全。

5.3.3 提升故障处置能力

5.3.3.1 提高中压故障处置能力

（1）结合集控站建设，建立站内外故障协同处理机制，针对常规配电线路，优先采用就地式故障处置方式，综合运用"就地型馈线自动化＋级差保护"技术，实现故障区间就地定位和隔离，非故障区域通过自动或遥控操作恢复供电；在重点城市推广应用智能分布式馈线自动化，探索具备快速动作能力的开关技术研究及应用，实现故障快速处置。

（2）针对分布式电源接入区域，应校核配电终端下游光伏接入容量，当分级保护和配电终端下游接入容量超过线路额定电流的 67％时，宜调整过电流Ⅲ段保护定值和短路告警定值；针对光伏外汲作用保护灵敏度不足的情况，宜增设分级保护。

（3）应用配电一、二次融合设备、远传型故障指示器，实现单相接地故障正确选线、就近快速隔离，降低因单相接地故障引发的电缆通道火灾、森林草原火灾、人身触电风险及大面积停电风险。

5.3.3.2 提高低压停电感知能力

针对融合终端覆盖台区，通过本地营配数据共享，感知台区和用户停电信息，自动研判停电影响区域；针对融合终端未覆盖台区，可通过配电自动化系统与用电信息采集系统交互，间接获取台区及用户停电信息，实现停电区域准确研判。依据停电研判结果，以工单驱动业务模式开展抢修工作，变被动抢修为主动服务。结合分布式电源接入台区融合终端覆盖及光伏并网断路器部署，实现低压故障主动感知、故障精准切除。加强台区侧漏电流监测，合理配置漏电保护定值，实现漏电故障准确切除，提高用电安全性。

🎙 5.4　数字化转型重点方向

以"1135"新时代配电管理思路为牵引，坚持"以客户为中心、以提升供电可靠性为主线"，围绕标准化建设、精益化运维、智能化管控，通过状态精准感知，适应新型电力系统对设备、环境以及光储充新能源的监测要求，全面提升配电网透明化水平；通过业务工单驱动，开展面向配电网实时状态分析及运行评估，推动配电网的主动运维、检修、抢修，提升工程需求的科学性；通过作业模式革新，加强智能运检装备以及智能数字技术对业务全环节的支撑作用；通过过程指挥管控，对配电网工程建设以及运检抢全业务进行数字化、透明化、流程化、痕迹化管控；通过管理智慧决策，以可靠性、电能质量等管理指标为抓手，建立具有智能分析、预判、决策等能力的配电网智慧决策中枢，全面提升配电网设备精益化管理水平。

结合供电服务指挥业务开展实际，下面分别从业务协同指挥、配电网运营管控、停电信息发布、配电网主动运维、配电网主动检修、配电网主动抢修等方面，从当前问题、转型目标、转型思路等角度，对数字化转型重点方向进行阐述。

5.4.1　业务协同指挥

（1）问题。

1）业务工单派发视角。目前，供电服务指挥人员在派单前对基层班所各类工单处置人员、业务范围、值班信息等了解不够充分，无法做到精准派单，导致工单执行过程质量及工单执行结果参差不齐，造成现场作业时间过长或完成效果不佳等问题。

2）业务工单执行视角。运维人员现场执行中，工作步骤标准化程度不够全面，工作规范和质量要求不够细化，预防控制措施落实不够到位，运维人员对现场问题的分析判断能力较弱，造成生产效率低下，生产质量难以保证。

3）业务工单执行监督视角。运维人员在执行工单流程时，难免会出现各种问题，现场工作信息传递不够透明、重要执行环节无法及时获取对应信息，导致监督执行过程中管理人员无法及时掌握重点信息，无法给出指导性工作建议。

4）业务工单评价视角。工单评价数据依据较为片面，导致在工单实际评分时无法准确评判工单执行质量，供电服务指挥人员在最终评审环节主观意识较强，缺乏对工单完成质量的科学评估。

（2）目标。在工单派发方面，从人工识别派发转变为精准派发模式；在工单执行方面，从现场作业无顺序、无计划转变为工作流程标准化、规范要求指令化；在执行监督方面，从人为监督转变为数字监督，从执行过程启动到结束的各重要环节进行监督提升；工单评价方面，从人为评价转变为系统评价，从作业过程、作业答复、执行结果等多方面完成评价结果，通过工单处理的过程等记录，系统自动生成工单评价结果。

（3）转型思路。

1）运维人员合理调配。根据业务需要统筹安排，可将工单派发至技能匹配且有空余时间的作业人员，保证资源合理利用，根据工单紧急程度，将紧急工单派发至作业人员，并统筹安排处理中的任务，保证紧急任务顺利执行。

2）作业执行标准化提高。提高标准化作业步骤全面在线承载，规范要求指令化、预控措施结构化，管住作业过程，提高现场作业质效。针对所有作业场景，按标准化作业指导编排作业工序、作业模板、作业报告，减少人力投入。

3）执行过程监管提升。根据步骤执行，自动发现不规范行为，实时将现场作业信息传递到管理端，并将作业执行信息与生产过程数据融合，对作业现场进行动态监测，包括对不规范行为的实时预警及持续改进。

4）工单评价自动化。将作业过程数据（接单时效、执行时效、执行结果）、设备运行工况、客户满意度等信息相结合，制订关键节点指标的综合评价体系，辅助评价，减少人为因素的干扰，提高评价效率。

5.4.2　配电网运营管控

1. 问题

（1）分析数据全面性受限。传感设备的覆盖面及监测手段的局限，配电网作业（规划、设计、建设、运维、检修、抢修、退役等）关键性指标缺乏全面、准确地监测数据支撑。

（2）分析数据分布离散。配电网监测数据类型多样，来源于多个系统，系统间的数据模型、字段不统一，全面全量的数据收集、汇集工作量大。

（3）综合分析缺乏自动策略。分析数据数量大、维度广、类型多，缺乏一套综合分析的完整策略，综合分析结果完全依赖于分析人员的技能技术水平。

（4）综合分析过于依赖人工处理。综合分析仅指出配电网现存的问题，未进行充分挖掘，真正找到存在的配电网运营薄弱环节和关键重点，未直接指导配电网运维、检修、检测、项目策略的制订和专项工作组织开展。

2. 目标

配电网运营管控人员能利用配电网实时量测信息、异常信息、工单信息、环境监测信息、缺陷隐患等数据对配电网开展运行状态、供电服务、灾害风险等方面的综合分析，实现对配电网整体运营情况的掌握，支持配电网运营报告编制、决策分析等工作。通过有效的分析评价手段，辅助挖掘配电网运营管控中的薄弱环节，生成有针对性的管控工单任务，进一步精准指导基层单位围绕运营管控指标内容开展配电网运维检修、优化配电网网架、提升供电服务质量等工作。

3. 转型思路

(1) 配电网信息数据自动归集。提升配电网传感设备覆盖面及检测手段，全量采集配电网作业（规划、设计、建设、运维、检修、抢修、退役等）关键性指标；统一各采集、监测系统数据模型及信息字段，根据需求自动汇集各系统、各环节、各设备的运行、历史数据，为综合分析提供全面、全量、准确的分析数据。

(2) 配电网自动综合分析。通过对信息数据进行分类归纳，权重划分，构建配电网综合分析专题、评价体系，建立综合分析自动策略，由数字化系统根据规程规范、工作要求、分析重点自动筛选需求数据，开展自动综合分析研判，生成综合分析报告。

(3) 管控工单闭环处置。将配电网运行情况的综合分析结果按一定规则自动形成管控工单，定期对管控工单内容进行自动评价分析，监督管控内容的变化情况，有针对性地提升配电网运营的各项指标。

5.4.3　停电信息发布

(1) 问题。

1) 停电信息发布视角。停电信息编译需要人工根据计划停电、配电网故障事件监测进行确认，选择停电设备清单、编译结构化地址及停电地理区域，存在大量重复工作，效率低下。

2) 停电信息通知到户视角。通知到户成本居高不下，停电信息微信公众号的关注占比不高，大量停电信息精准通知到户依赖短信平台实现，导致短信费用成本居高不下。

3) 停电信息执行管控视角。停电作业过程中发生提前送电、延期送电、实际送电情况时，需要人工进行停电信息环节编译，进行关键环节通知到户，人工编译效率较为低下。

(2) 目标。停电信息管理是指汇集全量电网计划及故障停电信息，完成影响设备及影响用户清单的分析，通过微信公众号平台、短信平台、互动服务网站等渠道将停电信息精准通知用户，对停电信息执行过程进行监督管控，事后分析停电信息执行过程质量。

(3) 转型思路。

1) 优化停电信息发布。停电信息发布时，系统自动归集全量平衡后的计划停电、配电网故障停电事件，利用电网拓扑关系、联络开关运行状态信息进行电网拓扑分析，自动生成停电设备清单、结构化地址、停电地理区域及停电影响客户信息，自动编译停电信息。

2) 优化停电信息通知到户。根据分析到户信息，通过优先微信、其次短信的方式实现对客户的点对点自动告知；同时将停电影响的重要用户、敏感客户即时推送至客户经理，辅助客户经理提供差异化服务。通过建立客户经理与小区业主、村委会和重要用户的微信群渠道，自动将停复电各环节信息推送至微信群。

3) 优化停电信息执行管控。自动扫描停电设备终端信号，针对超计划送电时间的停电信息，及时预警，自动进行停电信息延期编译，自动推送预警至相关服务人员，提醒开展主动解释、告知服务。根据停电信息进程向停电用户清单中的报修用户主动推送故障抢修工单进程。监测停电设备终端的复电信号及故障抢修工单的修复信息后自动进行送电编译，推送提醒相关人员确认，属实后自动进行现场送电报送。

5.4.4　配电网主动运维

（1）问题。

1) 巡视策略管理视角。目前只能通过人工经验与配电网运维规程设定的巡视周期，生成巡视任务，未综合考虑收集负荷情况、保供电、气象、异动信息、异常信息、频繁停电、缺陷与隐患、季节性鸟害、树线矛盾等信息开展特殊巡视。

2) 巡视计划、执行管理视角。巡视计划缺少统筹及智能编排，配电网设备点多面广，状态信息收集主要依靠人工巡视等手段，信息收集难以实现所有设备全面覆盖及综合应用，导致巡视质量低，需要结合智能运检装备配置情况，实现智能运检装备的充分利用。

3) 评价管理视角。缺少对巡视结果的评价体系，需对巡视工单处理过程中涉及的人、材、机进行成本归集，开展作业成本显性评价。

（2）目标。基于多源信息构建差异化巡视策略，主动收集内外部巡视需求，归并整合，智能生成主动巡视工单，转变"周期为主"的传统巡视任务生成模式，充分利用无人机、机器人辅助等装备，开展人机协同的智能主动巡检，实现巡视模式从"人工被动"向"智能主动"转变，提升基层班组效能。

（3）转型思路。

1) 优化巡视策略功能。对周期性巡视功能进行优化升级，实现人、财、物的科学调整，基于配电网运维规程，结合巡视设备台账、线路拓扑、气象数据、设备运维班组信息、设备动态标签等信息生成差异化、特殊巡视，提高巡视策略科学性。

2）优化巡视计划、执行管理功能。巡视过程中通过设备拍照，自动识别缺陷隐患信息，快速发现缺陷隐患，完成登记和消除，根据巡视对象、任务重要程度、巡视来源等信息，智能编排巡视计划优先级别。

3）优化巡视评价功能。基于多维分析模型，构建关键量化指标的综合评价策略，对巡视工单处理过程中涉及的人、材、机进行成本归集，开展作业成本显性评价。基于配电设备设施、运行环境的巡视结果数据，智能比对巡视周期前后缺陷及隐患数量、设备故障信息，开展巡视成效量化评价。根据巡视作业评价结果，迭代更新巡视策略，实现差异化巡视。

5.4.5　配电网主动检修

（1）问题。

1）检修任务收集视角。目前采用业务部门在线下进行需求提报，再人工归集汇总的方式，存在检修需求信息不全面、检修需求不能及时变更的问题。

2）检修计划制订视角。目前平衡过程非常依赖人工经验，缺乏决策依据，无法综合考虑停电范围、作业时长、重要敏感用户、区域天气、带电作业能力等多方面制订检修计划。

3）检修工单派发视角。目前停电停役申请单主要在 OMS 系统内流转，只能通过 PMS3.0 系统或线下的方式开具工作票和操作票，效率较低。

4）检修工单处理视角。检修人员在现场验收合格复电后通过 PMS3.0 系统完成"两票"终结与检修工单的归档，对遗留缺陷隐患、设备异动信息进行现场登记，手工录入 PMS3.0 相应业务模块，操作流程繁杂，未实现业务模块的同步联动。

5）检修工单办结视角。实践中部分单位更在意供电可靠性指标、工单压降率、用户满意率等，而缺乏有效的针对检修结果的综合分析手段。

（2）目标。实现配电检修管理的全过程线上闭环管控，通过主动汇集检修需求，智能编排检修计划，合理配置检修资源，科学评价检修过程，为检修全过程提供辅助决策，提升配电网检修效率与检修质量。

（3）转型思路。

1）优化检修任务收集流程。完善多系统数据实时交互方式，提升不停电作业检修任务判断优先级，完成相应检修计划制订。

2）优化检修计划制订流程。智能生成检修计划，形成检修计划优化建议，辅助编制检修计划，并在线上完成调度、营销等多专业部门的平衡审核，支持批注、回退、通过等操作，平衡未通过的检修计划回到检修任务池。

3）优化检修工单派发流程。实现检修计划、检修工单、两票、停电申请单、停电事件的全过程关联与实时数据交互。

4）优化检修工单处理流程。现场完成检修成果验收，将未处理的隐患缺陷或遗留任务自动纳入检修任务池。

5）优化检修"两票"管理流程。建立工作票、操作票典型库，检修人员根据现场工作实际新建典型票或复制历史票，生成的票面可进行修改。

6）优化检修工单办结流程。关联配电网设备检测、配电网设备运维、运检服务工单管控等环节，进行跟踪评定，开展检修作业质效评价。

5.4.6 配电网主动抢修

（1）问题。

1）故障智能分析视角。配电网故障研判实时性不足，无法高效支撑主动抢修。故障点无法精准定位，能以自动化设备为边界进行故障区间判断，但无法精准定位故障位置，若故障区间范围较大，人员承载力矛盾突出。

2）停电信息处理视角。目前停电信息发布是由抢修指挥人员手动录入，停电事件信息上报不及时，停电事件信息录入工作烦琐。

3）抢修资源调配视角。由于对抢修班组/人员工作承载力、工作能力缺少实时评估，抢修派工未完全实现精准自动化派工。

4）抢修过程监控视角。抢修人员在抢修过程中抢修工单回单、两票信息归档等环节需与营销、安监等专业进行交互，涉及多个业务终端，导致抢修过程各环节执行缺乏时效性。

5）停电信息处理视角。目前工单归档是以现场抢修人员反馈结果为主，并需要现场人员与监控人员人工核实量测信息上送情况，确认是否完成故障抢修。

（2）目标。实现配电网抢修全过程线上流转，提高抢修任务生成、抢修任务派发、抢修任务处置、抢修任务办结的标准化水平，确保抢修处置的规范性。在抢修工单派发方面，从手动派单转变为智能派单；在抢修处置方面，应用可视化等技术手段，实时记录、共享现场抢修情况，精准掌握抢修进度，实现抢修全过程管控和关键节点的用户互动。

（3）转型思路。

1）优化故障信息智能分析。配电自动化系统结合用电信息采集系统上送的配电变压器、智能电能表停上电信息，精准研判故障范围及可能的故障点。

2）优化停电信息自动发布。故障研判结果自动推送至供电服务指挥平台停电信息发布模块。

3）优化抢修资源在线调配。建立智能派单地址库，将客户报修地址与地址库进行匹配，自动识别所属抢修班组，实现工单自动派发。

4）优化抢修过程主动可控。基于人工智能语音，构建抢修业务全过程监控智能托管，实现对派单超时、抢修人员受理超时、工作票审核超时长、工作票签发超时长等关键环节智能催督办。

5）优化抢修方案辅助编制。智能推荐标准化抢修作业方案模板，推送至配电网抢修人员，在移动端自动填充抢修方案关键信息，减少班组人员手工填写压力，为抢修班组减负。

6）优化抢修资源在线调配。建立智能派单地址库，将客户报修地址与地址库进行匹配，自动识别所属抢修班组，实现工单自动派发。

🎤 5.5　配电全业务工单体系建设

为进一步强化配电网管控水平，提升供电服务指挥成效，实现配电网"全业务工单驱动"，构建"任务有源，出门有单，轨迹可视，绩效可评"的管控新模式，基于供电服务指挥平台，建立"全过程线上化、全环节可视化、全流程节点化"的配电全业务工单体系。

5.5.1　全业务工单概览

根据现阶段配电网业务开展现状，将配电全业务工单总结为主动运检工单、促办工单、保电工单、客户诉求工单、不停电作业管理工单共 5 大类工单。全业务工单体系汇总见表 5-5。

表 5-5　　　　　　　　　全业务工单体系汇总表

序号	工单大类	工单小类	子工单类型
1			变电站停运工单
2			全线停运工单
3			分支停运工单
4			单台区停电工单
5	主动运检工单	主动抢修工单	多分支停运工单
6			多台区停电工单
7			低压整线停运工单
8			低压分支停运工单
9			台区低压侧停电工单

续表

序号	工单大类	工单小类	子工单类型
10	主动运检工单	主动抢修工单	低压表箱停运工单
11			低压单户停运工单
12			低压多户停运工单
13			全线停运工单（永久接地）
14			超长未复电工单
15		主动检修工单	线路过载工单
16			配电变压器过载工单
17			配电变压器重载工单
18			配电变压器低电压工单
19			低电压申诉工单
20			配电变压器三相不平衡工单
21			中压线损异常工单（检修）
22			一次设备主动消缺工单
23			二次及通信设备主动消缺工单
24			系统功能主动消缺工单
25		主动运维工单	主动巡视工单
26			故障巡视工单
27			定检预试工单
28			低压异常排查工单
29		主动预警工单	主动气象预警工单（黄色）
30			主动气象预警工单（红色）
31			重要用户供电预警工单
32			设备安全预警工单
33		主动数据治理工单	营配档案不一致筛查工单
34			逢停必校工单
35			负荷超限档案治理工单
36			异常线路波形工单
37			中压线损异常工单（数据治理）
38			台区线损异常工单
39		主动服务工单	光伏用户故障提醒工单
40			专用变压器用户风险提醒工单
41			主动走访工单

续表

序号	工单大类	工单小类	子工单类型
42	促办工单	督办工单工单	频繁停电督办工单
43			电压质量督办工单
44			催办工单
45		考核工单	重复问题考核工单
46			超期问题考核工单
47		专项工作工单	专项工作工单
48	保电工单	保电工单	特级保电工单
49			一级保电工单
50			二级保电工单
51			特殊时期保电工单
52	客户诉求工单	客户停电诉求工单	故障报修工单
53			频繁停电投诉工单
54			频繁停电意见工单
55		客户用电异常诉求工单	低电压投诉工单
56			低电压意见工单
57		客户服务诉求工单	抢修质量投诉工单
58			抢修质量意见工单
59	不停电作业管理工单	不停电作业管理工单	不停电作业任务工单
60			不停电作业异常工单

5.5.2　工单主要类型及内涵

5.5.2.1　主动运检工单

1. 内涵

由供电服务指挥平台根据业务需要主动发起的工单，具体为通过数字化手段监测、综合评估后，判断存在异常处置、数据修正、服务需求、缺陷管理等需要促使运维人员主动开展运维工作的情况时，由供电服务指挥平台以工单形式下发各地市供电服务指挥中心，指导现场运维人员主动开展相关工作，确保电网安全稳定运行。

2. 类型

主动运检工单主要分为主动抢修、主动检修、主动运维、主动预警、主动数据治理、主动服务 6 种工单，共 41 小类，是配电全业务工单的主要构成部分，见表 5-6。

表 5-6　　　　　　　　　　主动运检工单类型及功能

序号	工单大类	工单小类	子工单类型	子工单功能
1	主动运检工单	主动抢修工单	变电站停运工单	通过实时数据监测，发现变电站停电现象时，主动派发主动抢修变电站停运工单，提醒相关运维人员开展现场抢修工作，并对用户进行主动告知
2			全线停运工单	通过实时数据监测，发现全线停电现象时，主动派发主动抢修全线停运工单，提醒相关运维人员开展现场抢修工作，并对用户进行主动告知
3			分支停运工单	通过实时数据监测，发现分支停电现象时，主动派发主动抢修分支停运工单，提醒相关运维人员开展现场抢修工作，并对用户进行主动告知
4			单台区停电工单	通过实时数据监测，发现单台区停电现象时，主动派发主动抢修单台区停电工单，提醒相关运维人员开展现场抢修工作，并对用户进行主动告知
5			多分支停运工单	通过实时数据监测，发现多分支停电现象时，主动派发主动抢修多分支停运工单，提醒相关运维人员开展现场抢修工作，并对用户进行主动告知
6			多台区停电工单	通过实时数据监测，发现多台区停电现象时，主动派发主动抢修多台区停电工单，提醒相关运维人员开展现场抢修工作，并对用户进行主动告知
7			低压整线停运工单	通过实时数据监测，发现低压整线停电现象时，主动派发主动抢修低压整线停运工单，提醒相关运维人员开展现场抢修工作，并对用户进行主动告知
8			低压分支停运工单	通过实时数据监测，发现低压分支停电现象时，主动派发主动抢修低压分支停运工单，提醒相关运维人员开展现场抢修工作，并对用户进行主动告知
9			台区低压侧停电工单	通过实时数据监测，发现台区低压侧停电现象时，主动派发主动抢修台区低压侧停电工单，提醒相关运维人员开展现场抢修工作，并对用户进行主动告知
10			低压表箱停运工单	通过实时数据监测，发现低压表箱停电现象时，主动派发主动抢修低压表箱停运工单，提醒相关运维人员开展现场抢修工作，并对用户进行主动告知

序号	工单 大类	工单 小类	子工单类型	子工单功能
11	主动 运检 工单	主动 抢修 工单	低压单户停运工单	通过实时数据监测，发现低压单户停电现象时，主动派发主动抢修低压单户停运工单，提醒相关运维人员开展现场抢修工作，并对用户进行主动告知
12			低压多户停运工单	通过实时数据监测，发现低压多户停电现象时，主动派发主动抢修低压多户停运工单，提醒相关运维人员开展现场抢修工作，并对用户进行主动告知
13			全线停运工单 （永久接地）	通过实时数据监测，发现线路永久接地现象时，主动派发主动抢修永久接地工单，提醒相关运维人员开展现场抢修工作，并对用户进行主动告知
14			超长未复电工单	针对系统自动监测的设备停运，对于长时间未监测到复电信号的停运事件，自动生成超长未复电工单，主动提醒现场人员开展排查工作
15		主动 检修 工单	线路过载工单	通过实时数据监测，发现线路负载率大于100%且持续时间大于2h时，主动派发线路过载工单，提醒相关运维人员开展线夹、老旧线路段等薄弱环节红外消缺等工作
16			配电变压器过载工单	通过实时数据监测，发现配电变压器负载率大于100%且持续时间大于2h时，主动派发配电变压器过载工单，提醒相关运维人员开展红外消缺等工作，制订治理计划
17			配电变压器重载工单	通过实时数据监测，发现配电变压器负载率大于80%且大于120%并且持续时间大于2h时，主动派发配电变压器重载工单，提醒相关运维人员开展消缺工作，制订治理计划
18			配电变压器 低电压工单	通过实时数据监测，发现配电变压器电压小于198V且持续时间大于1h时，主动派发低电压工单，提醒相关运维人员开展挡位检查、台区高压侧线路检查等工作，制订治理计划
19			低电压申诉工单	系统自动监测到的低电压工单，经地市核实后，对特殊情况的低电压进行申诉，并提供相关佐证材料进行线上闭环管控

续表

序号	工单大类	工单小类	子工单类型	子工单功能
20	主动运检工单	主动检修工单	配电变压器三相不平衡工单	通过实时数据监测，发现配电变压器负载率大于60％且三相不平衡度大于25％时，主动派发三相不平衡工单，提醒相关运维人员开展负荷调整等工作
21			中压线损异常工单（检修）	根据线损计算，发现高损且线路存在重过载问题时，派发工单，如有线路过载工单，则合并下发
22			一次设备主动消缺工单	通过无人机巡检、人员主动巡视、在线监测装置（如温升等），发现一次设备缺陷后，自动根据缺陷类型生成主动消缺工单
23			二次及通信设备主动消缺工单	通过人员主动巡视、在线监测发现二次及通信设备缺陷后，自动根据缺陷类型生成主动消缺工单
24			系统功能主动消缺工单	通过人员主动巡视、在线监测发现配电网各系统功能缺陷或漏洞后，自动根据缺陷类型生成主动消缺工单
25		主动运维工单	主动巡视工单	由地市供电公司年前制订巡视计划后，录入供电服务指挥平台，到达巡视日期后自动派单，提醒运维人员主动巡视
26			故障巡视工单	由配电自动化系统发现线路瞬时接地故障后，提醒运维人员开展线路巡视，排查是否存在隐患点
27			定检预试工单	开关、保护装置等设备根据运检规程，需要定期开展试验检测，推送定检预试工单
28			低压异常排查工单	低压智能开关监测到过电压、欠电压、漏电、缺相时，派发低压异常排查工单，若同期有所属线路停电、所属台区停电、低电压、三相不平衡、重过载等问题时合并工单
29		主动预警工单	主动气象预警工单（黄色）	根据"电力气象一张图"预警信息，对恶劣天气预警区域线路派发黄色预警工单，提醒运维人员提前做好人员、车辆、物资准备，恶劣天气来临前开展巡视，清理通道等工作，并实时推送恶劣天气过程变化

序号	工单大类	工单小类	子工单类型	子工单功能
30	主动运检工单	主动预警工单	主动气象预警工单（红色）	对于恶劣天气预警范围内，因恶劣天气发生故障停电的线路，派发红色预警工单（已有黄色预警时，由黄色工单转为红色工单），并与主动抢修工单合并，实时推送气象信息变化，指导现场人员安全快速开展抢修工作
31			重要用户供电预警工单	多电源供电的重要用户，因各种原因失去多路电源，仅剩余1路电源，但未发生停电时，派发供电预警工单，提醒运维人员加强关注，避免重要用户失电
32			设备安全预警工单	基于配电站房在线监测（水浸、温湿度、门禁等）等途径，发现站房等存在水浸、火灾等风险时，派发设备安全预警工单，督促现场人员排查消除安全隐患
33		主动数据治理工单	营配档案不一致筛查工单	根据PMS3.0系统、GIS系统、营销档案系统自动筛查三边档案信息不一致设备信息，自动派发异常数据预警工单，指导相关运维人员开展档案维护纠正工作
34			逢停必校工单	充分利用停电研判结果，按"逢停必校"原则，对停电涉及的线路和配电变压器拓扑关系进行校验，发现线变关系问题后自动生成线变关系不一致异常工单，督促现场人员进行整改
35			负荷超限档案治理工单	根据线路、配电变压器超过载情况筛查异常基础数据，自动派发异常数据预警工单，指导相关运维人员开展档案维护纠正工作
36			异常线路波形工单	根据线路停电情况筛选出线路波形异常的线路，要求各地市开展数据治理
37			中压线损异常工单（数据治理）	根据线损计算，发现负损或高损情况但线路未发生重过载问题时，派发工单
38			台区线损异常工单	根据线损计算，发现负损或高损问题时，派发工单
39		主动服务工单	光伏用户故障提醒工单	在实现低压光伏（逆变器）监测的区域，当监测发现光伏出现故障或异常时，主动提醒用户排查
40			专用变压器用户风险提醒工单	洪涝气象预警下，对于可能受到影响的专用变压器用户提醒做好防汛措施
41			主动走访工单	现场发现客户有诉求，或有投诉可能性，或由于宣传等需要进行现场走访时，派发主动走访工单

（1）主动抢修工单。主动抢修工单根据停电范围分级别指导主动抢修，共14类子工单，包括变电站停运工单、全线停运工单、分支停运工单、单台区停电工单、多分支停运、多台区停电工单、低压整线停运工单、低压分支停运工单、台区低压侧停电工单、低压表箱停运工单、低压单户停运工单、低压多户停运工单、全线停运工单（永久接地）、超长未复电工单。

（2）主动检修工单。主动检修工单根据设备异常、缺陷情况指导主动检修，共10类子工单：①异常监测类工单，包括线路过载工单、配电变压器过载工单、配电变压器重载工单、配电变压器低电压工单、低电压申诉工单、配电变压器三相不平衡工单、中压线损异常工单（检修）；②缺陷管理类工单，包括一次设备主动消缺工单、二次及通信设备主动消缺工单、系统功能主动消缺工单。

（3）主动运维工单。主动运维工单根据巡视要求、设备状态指导主动运维，共4类子工单：①巡视类工单，包括主动巡视工单、故障巡视工单；②试验排查类工单，包括定检预试工单、低压异常排查工单。

（4）主动预警工单。主动预警工单根据天气状态、设备状态发出预警指导预防，共4类子工单：①天气预警类工单，包括黄色主动气象预警工单、红色主动气象预警工单；②设备预警类工单，包括重要用户供电预警工单、设备安全预警工单。

（5）主动数据治理工单。主动预警工单根据数据校核、设备验证情况指导数据异常处理，共6类子工单，包括营配档案不一致筛查工单、逢停必校工单、负荷超限档案治理工单、异常线路波形工单、中压线损异常工单（数据治理）、台区线损异常工单。

（6）主动服务工单。主动服务工单根据设备情况和现场要求指导主动服务提醒，共3类子工单，包括光伏用户故障提醒工单、专用变压器用户风险提醒工单、主动走访工单。

5.5.2.2　促办工单

1. 内涵

由省电力公司管理单位发现问题后根据工作要求发起的工单。上级工作单位发现问题，或系统自动判断出超期未治理问题后，由省电力公司以工单形式将相关问题下发各单位，督导或考核，提升各单位对重要工作的关注和落实水平。

2. 类型

促办工单主要分为督办工单、考核工单、专项工作工单等3种工单，共6小类，是省电力公司管控地市供电公司工作的主要抓手之一，见表5-7。

表 5-7 促办工单类型及功能

序号	工单大类	工单小类	子工单类型	子工单功能
1	促办工单	督办工单	频繁停电督办工单	由国家电网公司通报的频繁停电问题的线路或台区，由省级发起，地市供电公司反馈问题详情、整改计划，并由系统在整改后自动监测闭环
2			电压质量督办工单	由国家电网通报的低电压台区，由省电力公司发起，地市供电公司反馈问题详情、整改计划，并由系统在整改后自动监测闭环
3			催办工单	各类工单未按期完成，自动生成催办工单
4		考核工单	重复问题考核工单	反馈已治理完成但半年内重复出现相同问题的设备，派发考核工单，包括频繁停电、过载、低电压等重点关注问题
5			超期问题考核工单	对于省电力公司催办 3 次及以上，但仍未进行整改的工单，生成超期问题考核工单
6		专项工作工单	专项工作工单	由省电力公司重点专项工作任务引发，通过供电服务指挥平台下发的工单，如树障清理专项工作、山火隐患排查专项工作等

（1）督办工单。督办工单是根据政府、国家电网公司要求，对关键问题进行督办治理，共 3 类子工单，包括频繁停电督办工单、电压质量督办工单、催办工单。

（2）考核工单。考核工单是根据工作落实情况，对未完成或成效不佳的工作进行考核提醒，共 2 类子工单，包括重复问题考核工单、超期问题考核工单。

（3）专项工作工单。专项工作工单是根据国家电网公司或省电力公司重点专项任务派发至责任单位的工单，共 1 类子工单。

5.5.2.3 保电工单

1. 内涵

由省电力公司根据保电工作安排发起的工单。重要保电或专项保电活动，需要各单位执行、配合，明确工作要求，规范保电工作，提升全省保电工作水平。

2. 类型

保电工单共 1 种工单，同时保电工作根据保电级别要求，分为特级保电工单、一级保电工单、二级保电工单、特殊时期保电工单 4 小类工单，见表 5-8。

表 5-8 保电工单类型及功能

序号	工单大类	工单小类	子工单类型	子工单功能
1	保电工单	保电工单	特级保电工单	党和国家领导人出席的具有重大国际影响的国际性会议或活动时期的保电；由河南省委、省政府或国家电网公司指定级别的保电
2			一级保电工单	召开或举办的具有重要影响的国际性会议、活动等时期的保电；国家级重要政治、经济、文化、体育活动或会议等时期的保电；由河南省委、省政府或国家电网公司指定级别的保电
3			二级保电工单	省（部）级重要的政治、经济、文化、体育活动或会议等时期的保电；由市委、市政府指定的保电
4			特殊时期保电工单	全国性的主要法定节假日（包括元旦、清明节、劳动节、端午节、中秋节、国庆节等），高考、春运、电网迎峰度夏迎峰度冬及春节等特殊时期的保电，地方性、传统性或民族性的主要节假日等时期的保电；定期举办的省（部）级政治、经济、文化、体育活动或会议等时期的保电；特殊情况下电力客户保电

5.5.2.4 客户诉求工单

1. 内涵

由用户主动反馈、政府转达等途径发现问题后发起的工单。通过 95598、网格电话、12398、市长热线、国家电网公司下发等渠道得知用户用电需要及反馈的问题，根据问题类型生成不同工单，指导地市供电公司解决用户用电问题，提升供电服务水平。

2. 类型

客户诉求工单分为客户停电诉求工单、客户用电异常诉求工单、客户服务诉求工单3种工单，共7小类，是省电力公司管控供电服务的重要抓手之一，见表5-9。

表 5-9   客户诉求工单类型及功能

序号	工单大类	工单小类	子工单类型	子工单功能
1	客户诉求工单	客户停电诉求工单	故障报修工单	获取 95598、网格电话、12398、市长热线、国家电网公司下发等渠道客户故障报修信息，形成故障报修工单下发至供电服务指挥中心，由供电服务指挥中心下派至各抢修班组进行抢修及闭环管控
2			频繁停电投诉工单	获取 95598、网格电话、12398、市长热线、国家电网公司下发等渠道客户反映频繁停电问题的投诉工单，由供电服务指挥中心下派到各部门进行核实处置，实现工单线上闭环管控
3			频繁停电意见工单	获取 95598、网格电话、12398、市长热线、国家电网公司下发等渠道客户反映频繁停电问题的意见工单，由供电服务指挥中心下派到各部门进行核实处置，实现工单线上闭环管控
4		客户用电异常诉求工单	低电压投诉工单	获取 95598、网格电话、12398、市长热线、国家电网公司下发等渠道客户反映低电压问题的投诉工单，由供电服务指挥中心下派到各部门进行核实处置，实现工单线上闭环管控
5			低电压意见工单	获取 95598、网格电话、12398、市长热线、国家电网公司下发等渠道客户反映低电压问题的意见工单，由供电服务指挥中心下派到各部门进行核实处置，实现工单线上闭环管控
6		客户服务诉求工单	抢修质量投诉工单	获取 95598、网格电话、12398、市长热线、国家电网公司下发等渠道客户反映抢修质量服务问题的投诉工单，由供电服务指挥中心下派到各部门进行核实处置，实现工单线上闭环管控
7			抢修质量意见工单	获取 95598、网格电话、12398、市长热线、国家电网公司下发等渠道客户反映抢修质量服务问题的意见工单，由供电服务指挥中心下派到各部门进行核实处置，实现工单线上闭环管控

（1）客户停电诉求工单。客户停电诉求工单是根据 95598、网格电话、12398、市长热线、国家电网公司下发等渠道获得停电相关问题后派发的工单，

共 3 类子工单,包括故障报修工单、频繁停电投诉工单、频繁停电意见工单。

(2) 客户用电异常诉求工单。客户停电诉求工单是根据 95598、网格电话、12398、市长热线、国家电网公司下发等渠道获得电压质量相关问题后派发的工单,共 2 类子工单,包括低电压投诉工单、低电压意见工单。

(3) 客户服务诉求工单。客户服务诉求工单是根据 95598、网格电话、12398、市长热线、国家电网公司下发等渠道获得抢修服务相关问题后派发的工单,共 2 类,包括抢修质量投诉工单、抢修质量意见工单。

5.5.2.5 不停电作业管理工单

1. 内涵

由省电力公司根据不停电作业工作管控要求产生的工单。对于配电网不停电作业进行工单化管控,促使不停电作业安全可控进行。

2. 类型

不停电作业管理工单共 1 种,同时根据工作需要分为不停电作业全过程管控的不停电作业任务工单和省电力公司督导发现问题后的不停电作业异常工单,见表 5-10。

表 5-10 不停电作业管理工单类型及功能

序号	工单大类	工单小类	子工单类型	子工单功能
1	不停电作业管理工单	不停电作业管理工单	不停电作业任务工单	在各地市开展不停电作业前,派发任务工单,全过程跟踪人员、物资、车辆、安全措施等准备情况、到达现场情况、作业过程情况、作业结束情况
2			不停电作业异常工单	省电力公司督导发现不停电作业数据异常或资料错误等问题时,派发不停电作业异常工单,相关单位须按期解释,否则去除已完成的不停电记录

🎙 5.6 人工智能新技术展望

随着"大云物移智链"等数字技术的快速发展,数字化应用与人工智能的结合,以及数字化应用与大数据的融合,正在成为推动行业创新和转型的双引擎,为供电服务指挥业务数字化转型带来新的可能。

1. 数字化应用与 AI 的结合

数字化应用与人工智能(AI)的结合正在重塑各行各业的未来。数字化技术通过收集、存储和处理海量数据,为企业和组织提供了丰富的信息资源。而 AI

则通过先进的算法和机器学习技术，从这些数据中提取洞察、自动化决策并提供智能化服务。两者的结合使得业务运营更加高效、精准。例如，企业可利用数字化应用实时监控生产线数据，并通过 AI 进行预测性维护，减少设备故障和生产停机时间。这种深度融合不仅提升了操作效率，还推动了创新和发展，使各个行业能更好地应对未来的挑战。

人工智能的发展正从单纯的"预测推断"向"内容生成"迈进。在过去，AI主要依靠对历史数据的分析进行预测和推断，辅助决策和优化现有流程。然而，随着技术的进步，AI 现在不仅能对数据进行分析，还能生成原创内容，创造全新的图像、文本、音频和视频。这一转变标志着 AI 的能力已超越了传统的分析框架，进入了创造性领域。在这一新时代，AI 不仅是决策支持工具，更成为了创新和创作的推动者，广泛应用于文学创作、艺术设计、产品开发等多个领域，为人类社会带来了前所未有的变革和机遇。在 AI 时代，通过智能算法根据客户的具体问题自动生成符合上下文的精准回复，不仅节省了人工成本，还能保证回复的一致性和及时性。通过自然语言处理和深度学习技术，AI 可理解客户的需求，并生成符合业务规范的内容，使得客户服务更加高效和个性化。

在 AI 领域开发的新范式中，大模型的应用正迅速成为主流，特别是在应对复杂问题的决策分析中发挥着关键作用。传统的算法和模型在面对复杂的、多维度的决策问题时，往往难以处理大规模的数据和高维度的特征。而大模型，凭借其庞大的参数量和深度的网络结构，能在更广泛的上下文中理解和生成信息，提供更为精准和综合的解决方案。将自动化搜集到的各系统、各环节、各设备的运行、历史数据以及供电服务指挥人员信息分析决策，统筹安排业务工作，能极大减少人工成本以及作业周期时间。此外，借助大模型的计算机视觉方向应用，能提升作业巡检效率。

大模型的智能算法可对电力系统的运行状态进行实时监控和分析，预测设备的故障和性能下降，从而提前进行维护，减少故障发生的概率。电力系统的低碳化转型同样受益于 AI 大模型。通过 AI 技术对能源消耗数据的分析，可优化电力调度，提升能源利用效率，推动清洁能源的应用，助力实现碳中和目标。例如，风力发电和太阳能发电系统可利用 AI 进行智能调度和优化，最大化可再生能源的利用率，同时平衡电力供应与需求，确保电网的稳定性。

2. 数字化应用与大数据的结合

数字化应用与大数据的结合正在推动各行业的深度变革。数字化技术通过自动整合和进行数据采集、存储和处理，形成庞大的数据资源。而大数据分析技术则从这些海量数据中提取关键洞察，揭示潜在趋势并支持精准决策。两者的结合使得企业能实时监控和分析运营状况，优化资源配置和业务流程。例如，零售行业利用数字化应用收集消费者行为数据，通过大数据分析识别市场趋势，从而制订个性化的营销策略；在交通管理中，通过实时采集交通流量数据并进行大数据分析，可优化交通信号控制，提高交通效率。这种结合不仅提升了数据利用效率，还增强了决策的科学性，推动了各行业的智能化转型。

在大数据时代的浪潮中，数字化技术与大数据分析的融合正开启着新的商业篇章，塑造出前所未有的商业模式和商机。随着数字化技术的广泛应用，企业正在以前所未有的速度和规模收集、存储以及处理海量的数据。与此同时，大数据分析技术的进步使得这些数据转化为有价值的商业洞察成为可能，从而助力企业实现从数据积累到数据智能的转变。

随着数字化技术的不断进步，大数据分析的应用范围也在不断扩大。数字化平台为大数据分析提供了丰富的数据源和实时更新的能力，而大数据分析则通过先进的算法和模型挖掘数据背后的价值。例如，电力行业通过数字化的监控系统实时收集电网数据，并利用大数据分析进行负荷预测和故障预警；在制造业，通过数字化的生产监控系统和大数据分析，可实现生产过程的优化和设备的预测性维护。这种深度融合使得数据驱动决策成为常态，推动了业务流程的智能化和自动化，提升了整体运营效率。

与大数据技术的融合为供电服务指挥平台的进步提供强有力的支撑，推动其快速发展。在现代社会，供电服务指挥平台不仅承担着供应电力的基本职能，更需要在保障电网安全、优化能源配置和提升服务质量等方面展现出更高的能力。大数据的引入，能使得这些目标的实现变得更加精准和高效。通过大数据分析，供电服务指挥平台能对海量电力使用数据进行深入挖掘，识别出消费模式和需求趋势，从而更好地预测用电需求。这不仅有助于制订更为科学合理的发电和配电计划，还能在一定程度上避免电力资源的浪费，提高能源利用效率。在提升服务质量方面，大数据可利用用户用电数据，分析用户的用电习惯，为用户推荐节能方案，甚至优化电价政策，设计个性化的电力服务。这种基于数据的服务模式不仅能提升用户满意度，还能促进用户节能意识的提高，进一步推动电力资源的可持续利用。大数据技术还可促进供电服务指挥平台向智能化方向发展。例如，通过实时数据分析，平台可自动调整电网运行状态，及时发现并处理潜在的故障和异常，大大提高电网的运行效率和安全性。

结合人工智能的智能化决策支持和大数据分析的深度洞察能力，供电服务指挥平台将能更精准地预测电力需求、优化能源分配，实现高度自动化的故障检测与响应，极大地推动供电服务指挥平台向智能化、高效化、个性化方向发展。

附录

🎤 附录 A　县级生产管理模式优化

《国家电网有限公司关于因地制宜推进县级供电企业
生产管理模式优化的指导意见》

各省（自治区、直辖市）电力公司：

为全面贯彻落实党的二十大及公司 2023 年"两会"精神，服务国家乡村振兴、新型城镇化建设等重大战略实施，推动公司"一体四翼"高质量发展，现就因地制宜推进县级供电企业（以下简称"县供电公司"）生产管理模式优化，进一步提升县供电公司安全生产管理质效和供电服务水平，提出如下意见。

1. 充分认识优化县供电公司生产管理模式的重要意义

近年来，公司积极服务国家重大战略，持续加快电网建设和发展，县域电网已成为能源转型和电网建设的重要阵地。坚持生产管理重心下沉，因地制宜推动县供电公司生产管理模式优化是落实公司"两会""55686"总体要求的重点措施，对更好地适应电网规模快速增长和提升供电服务水平具有重要意义。

（1）优化县供电公司生产管理模式是落实党中央、国务院决策部署的重要举措。党中央、国务院作出乡村振兴、新型城镇化建设等重大决策部署，明确提出"开展电网升级改造""引导非化石能源消费和分布式能源发展"等要求，辛保安董事长在公司学习宣传贯彻党的二十大精神工作部署会上指出要"服务党和国家重大战略实施，充分发挥电网基础性、先导性作用，全力服务区域协调发展战略、新型城镇化战略等重大战略实施，全力提供坚强电力支撑。"优化县供电公司生产管理模式，推动县供电公司向主动服务、价值创造转变，是公司积极服务国家战略的重要举措。

（2）优化县供电公司生产管理模式是公司高质量发展的必然要求。近十年，公司电网规模快速增长。截至 2022 年底，35～220 千伏变电站数量、变电容量、输电线路长度分别较 2012 年增长 43%、56%、92%，大电网已覆盖公司经营区全部县供电公司，其中县供电公司管辖输、变、配电设备数量分别占全网设备的 20%、45%、78%。公司 2023 年"两会"提出，公司"一体四翼"高质量发展要统筹推进特高压和各级电网协调发展，全面提高安全供电保障能力。优化县供电公司生产管理模式，进一步提高县供电公司资源利用效率和管理水平，是公司高质量发展的必然要求。

（3）优化县供电公司生产管理模式是现代设备管理体系建设的纵深推动。公司加快构建现代设备管理体系，持续优化生产组织方式，变电"无人值守＋集中监控"、输电"立体巡检＋集中监控"、配电网工单驱动业务等新模式有效落地，省市供电公司安全生产管理质效持续提升。目前，大部分县供电公司延续传统管理模式，在设备监控强度、状态管控等方面仍有较大提升空间，数字化、智能化等新技术应用还处于起步阶段。优化县供电公司生产管理模式，提高设备精益管理水平，是现代设备管理体系建设的纵深推动。

（4）优化县供电公司生产管理模式是提升设备运检质效的有效手段。公司大力推动生产管理重心下沉，集控站建设、超高压设备属地化管理等工作全面推进，各类要素潜力充分挖掘，效率效益进一步提升。当前，部分县供电公司仅承担配电网运检业务，输、变电专业管理呈空心化趋势，人才队伍潜能未有效释放，属地优势尚未得到充分发挥。优化县供电公司生产管理模式，推动县域输变电设备属地化管理，充分发挥人力资源潜能和属地资源优势，提升县域设备精益管理水平，是提升设备运检质效的有效手段。

（5）优化县供电公司生产管理模式是提升供电服务质量的有力保障。县域配电网供电面积大、服务客户多、保供压力大，是公司电力保供、能源转型的基础和品牌建设的前沿阵地。同时，随着以新能源为主体的新型电力系统加速构建，县域分布式电源渗透率和电能占终端能源消费市场密度不断提高，对配电网运检提出更高要求。优化县供电公司生产管理模式，促进营商环境优化，提升客户服务水平，是公司服务电力保供和清洁低碳转型的坚强保障。

2. 总体要求

（1）工作思路及目标。以"一体四翼"高质量发展全面推进公司战略实施，纵深推动现代设备管理体系向县供电公司延伸，因地制宜推进县供电公司生产管理模式优化，进一步解放生产力，推动生产管理"重心下移、贴近基层、贴近现场、贴近设备"，发挥县供电公司属地优势，强化市县协同，加强营、配、调业务末端融合，切实提升县供电公司整体生产管理质效和供电服务水平。2023年启动试点工作，"十四五"末基本完成县供电公司生产管理模式优化。

（2）工作原则。坚持面向发展。结合乡村振兴、能源转型、新型城镇化等重大决策部署，以适应经济社会和电网高质量发展为导向，科学把握各级电网快速发展对设备管理的深刻影响，加强前瞻性思考、全局性谋划，保障县供电公司生产管理模式持续优化。

坚持标准规范。按总体安排部署，优化县供电公司生产组织模式和业务流程，强化公司各项标准和规程规范在县供电公司落地实施，确保生产管理标准化、规范化。

坚持因地制宜。综合考虑县供电公司设备规模、人员配置、地域特征等因素，推动输变电运检业务在各地区、各层级合理布局和质效整体提升。因地制宜、分类施策，差异化做好业务模式和资源配置优化工作，不搞"一刀切"。

坚持务实高效。坚持安全第一、质量为本、效率优先、效益为重，在保持必要传统要素投入的同时，注重知识、技术、数据等新要素的优化配置，着力提高全要素生产率，最大限度发挥生产效能。

3. 重点任务

（1）优化输变电设备运检管理模式。稳步推进县域输变电设备属地化管理，原则上县供电公司全面承接县域 35 千伏输变电设备运检业务，暂不具备主变压器、开关等主设备大型检修和技术改造能力的县供电公司，相关业务可暂由地市供电公司承担；规模较大的县供电公司宜承接辖域内 110（66）千伏设备运维或运检业务，具备条件的可承接县域 220 千伏设备运维或运检业务。地域面积较小或承担地市城区供电业务的县供电公司，在市县协同效率最优的情况下，可维持地市供电公司集中管理模式。

（2）优化供电服务指挥模式。稳步推进供电服务指挥业务下沉，原则上县供电公司成立供电服务指挥中心（以下简称"供指中心"）。县供指中心是县供电公司业务支撑机构，纵向接受运检、营销、调控等部门专业管理，横向实现专业指挥资源融合与协同，负责配电网抢修指挥、运营监测、服务指挥等业务实施。县供指中心宜与县调合署办公，统筹开展供电服务指挥及电网调度业务。无县调的县供电公司，县供指中心配置相应支撑系统，实现数据贯通及信息共享。地域面积较小或承担地市城区供电业务的县供电公司，在市县协同效率最优的情况下，可维持地市供电公司供指中心集中管理模式。

（3）推进调度监控业务分离。承接 110（66）千伏及以上电压等级变电站运维业务的县供电公司，可实施调度监控业务分离；其他县供电公司可维持调度监控一体或市供电公司集中监控模式。实施调度监控业务分离的县供电公司，逐步应用新一代集控系统开展变电设备监控，加快运维监控业务融合，实施"运监合一"，进一步提升设备运监质效。

（4）推进运检业务"管办分离"。承接 110（66）千伏及以上电压等级输变电设备运检管理或管辖配电设备规模较大的县供电公司，宜实施运检业务"管办分离"。实施"管办分离"的县供电公司，设备管理部门承担专业管理职责，输、变、配电运检机构负责具体业务实施。仅承担 35 千伏及以下设备运检管理的县供电公司，可维持输变电业务"管办合一"模式。

4. 实施计划

根据区域地理环境、经济发展程度、县供电公司承接能力等情况，分阶段、分区域制订县供电公司生产管理模式优化实施计划。

（1）试点建设阶段。2023 年 3 月底前，各省电力公司启动县供电公司生产管理模式优化工作，研究制订工作方案。12 月底前，自行选择有代表性的地市供电公司，全面覆盖本省各种模式，完成所辖县供电公司生产管理模式优化试点工作。

（2）稳步推进阶段。2024 年底前，总结试点经验，稳步推进优化工作，华北、华东、华中区域率先完成县供电公司生产管理模式优化，东北、西北、西南区域整体进度不低于 60%。

（3）基本完成阶段。"十四五"末，基本完成县供电公司生产管理模式优化。

5. 保障措施

（1）加强组织领导。各省电力公司成立以主要负责人为组长的领导小组和工作小组，建立横向协同、纵向贯通、执行有力的工作组织体系，加大省市两级对县供电公司人才、基础装备、科技研发等资源倾斜力度，稳步推进县供电公司生产管理模式优化工作，整体提升管理质效。落实"放管服"要求，做好存量人力资源和组织机构配置工作。

（2）健全制度标准。坚持制度先行、不立不破，全面梳理县供电公司生产管理现状及管理流程，细化各项管理制度和工作标准，建立健全监督、评价、激励、考核制度。省电力公司结合县供电公司承接输变电运检业务情况，研究制订本单位县供电公司生产机构设置条件，按公司统一部署纳入所属单位内设机构设置标准。优化供指中心营、配、调专业协同业务流程，加强数据贯通，实现末端业务融合。

（3）加强队伍建设。加大县供电公司生产人员培养力度，加快全业务核心班组建设向县供电公司延伸，设备"全科医生"和"专科医生"形成合力，提升设备精益管控水平。打通市、县供电公司员工交流通道，探索组建市、县供电公司柔性团队、帮扶培养方式，激发队伍活力。加强供电所运检技能培训，发挥供电所生产人员属地优势。

（4）加强技术支撑。加强数字技术赋能，稳步推动县供电公司无人机自主巡检、配电自动化等新技术应用。推进新一代集控系统建设和县域变电站信息接入，深化 PMS 县供电公司落地应用，加快移动作业全业务、全流程实施，推动县供电公司全业务、全环节数字化转型。

（5）强化装备配置。省市供电公司统筹资源调配，完善县供电公司基础装备配置，配足生产车辆、工器具、仪器仪表等基础装备，加大移动作业、无人机等智能运检装备配置，加强不停电作业，提升设备运检效率。开展生产场所等基础设施维护，积极推进房屋、场所功能完善，避免调度与县供指中心抢修指挥等业务相互干扰，保障生产管理模式优化硬件支撑。

🎙 附录 B　客户诉求渠道服务质量管理

《国家电网有限公司关于全面加强客户诉求渠道服务质量管理的意见》

近年来，随着线上化的快速发展和网格化的深入推广，公司系统为客户提供了多种诉求反映渠道，有效提升了客户服务质效。为全面规范各类诉求渠道服务行为，持续提升服务质量，公司研究制订了关于全面加强客户诉求渠道服务质量管理的意见，现予印发，请认真落实。

1. 工作思路及目标

深入践行人民电业为人民企业宗旨，认真落实公司"放管服"工作要求，准确把握当前电力客户诉求渠道日益多元化、数字化、网格化的发展趋势，充分发挥 95598 热线及网站、网上国网服务主渠道功能，规范网格化服务渠道和自建电子渠道，清理市、县供电公司对外服务电话，大力强化 12398、12345 等外部渠道转办问题闭环管理，构建分级管控、流程规范、制度完善的服务质量管理体系，实现客户诉求响应更迅速、处置更高效、风险更可控，不断增强客户用电获得感和满意度，持续巩固提升公司良好服务品牌形象。

2. 重点工作任务

(1) 建立客户诉求渠道分级管理体系。

1) 明确公司统建客户诉求主渠道定位。95598 热线及网站、网上国网是公司客户诉求主渠道，要持续强化服务功能，切实发挥 95598 热线对客户诉求受理及处置质量监督的兜底保障作用。适应网格化服务已经产生的各类客户诉求渠道（包括供电所或城区网格化机构服务电话、网格经理电话、供电服务微信群等，以下简称网格化服务渠道）和自建电子渠道，要加强规范管理，主要受理辖区内客户故障报修、业务申请、简单咨询及信息告知等用电诉求，不得受理投诉、意见、举报等诉求。12398、12345 热线是公司客户服务外部监督的主渠道，要强化转办问题的闭环处理，推动问题根本解决。省、市、县供电公司层面不得设置任何形式的对外服务电话（包括各类抢修电话、供电服务监督举报热线等），已设置的逐步全面清理到位。

2) 落实各层级客户诉求渠道管理职责。国网营销部是客户诉求渠道的归口管理部门，对各单位渠道管理工作进行指导与监督。国网客服中心负责 95598 热线及网站、网上国网等公司统建渠道的日常业务运营和服务质量监督。各省电力公司是网格化服务渠道和自建电子渠道的管理主体，负责具体建设运营及质量监督工作；负责12398、12345等外部监督渠道转办问题的闭环管理；对市、县渠道服务工作进行指导与监督。各市、县供电公司负责各渠道客户诉求的具体处置和质量管控工作，防范服务问题升级和外溢风险。

（2）强化内部客户诉求渠道规范管理。

1）规范网格化服务渠道客户诉求管理。各省电力公司9月底前在95598知识库完成对供电所（城区网格化机构，下同）服务电话和已对外公布的网格经理电话的备案管理，同时参照95598业管办法有关要求，结合实际从职责分工、备案审批、业务范围、服务标准、管理流程、检查考核等方面制订管理细则，报国网营销部备案。其中，供电所服务电话与抢修值班电话一体设置，提供7*24小时服务，电话应具备录音功能，客户来电录音至少保留3个月；对外公布的网格经理电话、供电服务微信群，应确保工作时间提供服务，非工作时间由95598热线提供兜底服务保障。供电所服务电话受理的客户诉求，不能直接办结的，依托营销业务应用系统等相关信息系统线上流转处理；网格经理电话或供电服务微信群受理的客户诉求，无法直接处理的，转交供电所值班人员流转处理。倡导使用供电服务微信群等电子渠道，丰富服务措施，各单位在宣传自建渠道的同时必须同步宣传95598热线。

2）规范电子渠道客户诉求管理。95598网站、网上国网等统建电子渠道受理的客户诉求，由国网客服中心统一形成95598工单流转处理。各省电力公司依托第三方平台建设的微信小程序（公众号）、支付宝生活号等自建电子渠道受理的客户诉求，参照95598业务规则进行闭环管理及服务质量监督，并于9月底前出台具体管理规范，报国网营销部备案。电子渠道应稳定、畅通，向客户提供24小时线上服务，因运维升级导致部分或全部功能暂停服务时应提前公告。

（3）清理市、县供电公司对外服务电话。

1）做深做细清理工作方案。具有清理任务的省电力公司，结合本单位实际，深入研究电话清理过渡期措施、座席人员安置、风险防范等重点任务，制订切实可行的工作方案，6月10日前报国网营销部备案。部分具有对公业务的服务电话，可保留对公业务受理与沟通联络功能，不再提供对外服务。年底前完成坐席人员10人及以下市、县供电公司对外服务电话清理工作；2023年3月底前完成所有市、县供电公司对外服务电话清理工作。

2）保障服务承接平稳过渡。加大对95598热线、网上国网等服务渠道宣传力度，确保电话清理前最大限度让客户知晓诉求反映方式。过渡期间通过人工解释、设置语音提示、自动转接等方式做好服务电话引流。结合客户诉求跟踪、业扩全流程监控等业务深化工作需要，有序组织原电话座席人员转岗分流，确保队伍稳定；对于人员冗余确需裁员的，严格执行劳务派遣或业务委托合同，坚持依法依规、分期分批实施，防范法律风险。

（4）强化外部监督渠道转办问题闭环管理。

1）强化 12398 监管热线转办问题闭环管理。建立 12398 转办问题全流程线上管控机制，国网客服中心协同各省电力公司，9 月底前完成 95598 业务支持系统升级改造，增设 12398、12345 等外部渠道转办诉求处置模块，具备工单自主录入、流转处理及统计查询等功能。各省电力公司年底前实现对 12398 转办工单在 95598 业务支持系统全量线上制单、转派、处理、回访，确保客户诉求可查询、可追溯，闭环管理。

2）强化 12345 政务热线转办诉求闭环管理。建立 12345 转办问题全流程线上管控机制，各省电力公司指导地市供电公司年底前实现 12345 全量工单录入 95598 业务支持系统并线上流转，同时按地方政府 12345 业务分类和处理时限要求闭环处理，保证服务质量。鼓励各单位积极探索贯通 12345 政务热线平台与公司相关信息系统，实现诉求工单自动导入。

（5）完善客户诉求渠道服务质量监督评价机制。

1）完善服务质量监督管控机制。95598 热线及网站、网上国网受理的客户诉求，以及 12398 转办的客户诉求，按公司有关规定常态开展监督。网格化服务渠道、省电力公司自建电子渠道受理的客户诉求以及 12345 等省级及以下外部渠道转办的客户诉求，由省、市供电公司落实监督主体责任，开展工单质量抽检、录音调听和服务诊断。国网营销部指导国网客服中心，常态开展各单位自建渠道监督检查，通过明查暗访、电话拨测等方式，加强对已备案的供电所服务电话和网格经理服务电话运行质量的监督，深入核查未经备案擅自公布的对外服务电话，对相关问题严肃通报。各级单位应及时调查处置信访来函、巡视转办问题和舆情事件，并预警提醒至上级部门，切实防范服务风险。

2）优化服务质量评价考核机制。总部以推动问题解决和防范服务风险升级外溢为原则，优化服务质量评价考核机制，重点考核各单位因解决不到位导致客户重复诉求、升级诉求或造成风险外溢的问题，推动各级单位持续提升客户诉求全过程处理质量。省电力公司聚焦"工单闭环"向"问题闭环"转变，科学合理、因地制宜制订指标评价体系，推动问题根本治理。市、县供电公司聚焦客户诉求处理及问题整改，切实规范服务行为，实事求是开展服务质量考核，坚决防止层层加码考核、不切实际考核。各单位要将各渠道受理的客户诉求处理工作，纳入一线人员工作量统计，并结合业务处理质量、满意度等综合开展绩效评价，充分激发基层活力，提升一线人员工作积极性主动性。

3. 工作要求

（1）加强组织领导。各单位要充分认识加强客户诉求渠道服务质量管理对夯实营销管理基础、提升优质服务水平的重要意义，统一思想，提高认识，高标站位，统筹推进，细化实施方案，落实工作责任，强化上下联动和专业协同，确保各项重点任务不折不扣落实到位。

（2）强化过程管控。各单位要制订里程碑计划，落实各层级责任，确保如期高质量完成全部重点任务，每月 5 日前将上月进展情况报国网营销部。国网客服中心要充分运用管理和技术手段，加强对市、县供电公司对外服务电话清理结果的核查和网格化服务渠道服务质量的抽查，定期报国网营销部。

（3）确保工作实效。各单位要严格落实公司客户诉求渠道服务质量管理工作要求，认真做好各渠道客户诉求闭环管理工作，持续提升服务质效。公司将通过明查暗访、回访客户等方式，强化对工作落实的跟踪检查与结果评价，对发现的问题将在供电服务月报、供电服务问题分析治理季度例会上严肃通报。

附录 C　工单驱动业务管控新模式

《国网设备部关于建立工单驱动业务配电网管控新模式的指导意见》

为深入推进公司战略目标落地，切实贯彻年中工作会议精神，充分发挥营配调大数据的驱动作用，进一步优化配电网运检业务管控模式，全面提升配电网运营质效，国网设备部在总结有关单位实践经验的基础上，研究制订了建立工单驱动业务配电网管控新模式的指导意见，请认真学习领会并抓好贯彻落实。

1. 深刻认识构建工单驱动业务配电网管控模式的重要意义

随着经济社会的快速发展，广大电力用户对供电可靠性、电能质量、抢修效率和服务品质要求越来越高。与此同时，公司近年来持续加大配电网建设力度，设备数量大幅增长、技术水平不断升级，传统配电网管控模式已难以满足管理和服务提升的要求。工单驱动业务配电网管控新模式，就是依托供电服务指挥中心，开展配电网状态主动监测和数据挖掘分析，通过主动运维、主动检修、主动抢修三类工单的发起、执行、跟踪、督办，对配电网运检业务进行数字化、透明化、流程化、痕迹化管控，全面推进配电网专业管理模式和运维工作方式转型升级，持续提升配电网精益管理和供电服务水平。

（1）建设工单驱动业务管控新模式是提升配电网精益管理水平的迫切需要。配电网设备点多面广，健康水平参差不齐，运行环境差异较大，运维管理工作面临诸多挑战。传统运检业务依据规程周期性开展，信息化手段运用不足，工作针对性不强，完成度无法精准衡量，工作质效无法保障，基层配电班组普遍存在重抢修、轻运维、以抢代维等现象，因设备运维不到位造成的故障频发，专业管理弱化问题凸显。面对挑战，迫切需要改变配电网管控模式，以供电服务指挥中心为依托，以业务工单为抓手，推动运检模式由"周期＋计划"向"问题＋任务"转变，实现配电网运检工作的量化管控，提升配电网精益管理水平。

（2）建设工单驱动业务管控新模式是提升供电服务水平的重要举措。近年来，电力营商环境建设持续优化，能源监管部门对供电服务监管力度不断加大，漠视侵害群众利益专项整治等工作全面推进，迫切需要公司供电服务工作对标国际先进，响应社会关注，聚焦客户关切，改变传统简单粗放的配电网管控模式，践行"不停电就是最好的服务"理念，变被动抢修为主动服务，进一步减少客户停电。工单驱动业务模式突出主动服务理念，提供精准管控手段，是支撑供电服务水平持续提升的重要举措。

（3）建设工单驱动业务管控新模式是配电网数字化转型的必然选择。"大云物移智链"等新型数字化技术经过前期在配电网的实验验证和试点应用，可大幅提升配电网设备状态监测、故障快速自愈、服务便捷提效等能力。工单驱动业务模式正是利用营配调贯通的大数据成果，将数字化技术与现有业务深度融合，以数字化工单驱动传统业务提质增效，强化配电网业务全过程管控，深挖潜、广提效、补短板、增动能，可全面助推配电网数字化转型升级，加快公司战略目标落地。

2. 工作思路和原则

（1）工作思路。坚持以客户为中心，以提升供电可靠性和优质服务水平为重点，持续深化供电服务指挥中心运营，进一步优化职责标准、强化系统支撑、细化分析评价，全面推进主动工单驱动配电网运、检、抢业务开展，构建管控新模式，强化基层配电专业化管理，全面提升配电网精益管理水平和供电保障能力。

（2）工作原则。

1）试点先行，统筹推进。以地市及所辖县供电公司为基本单位，结合配电网工作实际，选取管理和信息化水平较高的公司，先行开展新模式试点建设。省电力公司统一组织，分批推进，通过试点建设、经验交流，不断迭代完善、总结提升，成熟一个地区，推广一个地区。

2）因地制宜，差异实施。结合地市供电公司配电网管理和信息化现状，找准新模式与企业生产管理实际的结合点、发力点，有针对性地制订建设实施方案，充分调动地市供电公司积极性，大胆创新、主动作为，确保新模式的有效落地。

3）问题导向，务求实效。坚持问题导向，围绕配电网运维、检修、抢修工作提质增效难点、痛点，认真分析，制订切实可行的管理制度、流程规范，充分运用系统支撑和管控手段，强化供电服务指挥中心与基层一线班组的协同，全面推进工单驱动业务管控新模式建设，实现新模式常态化、规范化、制度化。

3. 重点工作

(1) 优化职责标准，实现业务闭环。

1) 明确工作职责。省、市、县设备管理部门是工单驱动业务的主管部门，负责工单驱动业务工作的管理和考核，抽查工单质量，约谈反馈质量不佳、整改不及时、整改不到位的单位，并予以考核兑现。市、县供指中心是工单驱动业务的支撑与管控部门，负责各项业务的工单派发、审核及评估，并负责工单的过程管控，对超时反馈、超时整改工单进行督办。地市供电公司配电运检室、供电服务中心、供电所配电班组是工单驱动业务的执行与反馈单位，负责接收供指中心下发的工单，快速进行处置，并及时反馈处理情况。各单位要做实"省—市—县—班所"分层分级管控，各级设备管理部门按"上下贯通、横向协同、指挥顺畅"的原则，依托供电服务指挥平台，推进以工单驱动业务的高效运作。

2) 完善工作标准。国网设备部根据配电网运维管理现状，结合配电网自动化、信息化和智能化建设方案，修订配电网运维检修规程，调整设备周期巡视和检修模式，将工单驱动业务管理理念贯穿于配电网运维、检修、抢修各个环节。省、市、县设备管理部门进一步完善配电网运维、检修和抢修工作标准，优化重构业务流程，固化作业规范，强化执行与监督，压实专业管理责任；完善供指中心协同指挥、执行管控和业务分析工作标准，构建"供指中心-末端供电服务网格"两级快速响应体系，以主动工单驱动配电网运维、检修和抢修等业务开展，对各项业务进行全过程管控，为职能管理部门提供决策支撑与考核建议，最终实现业务流程闭环。

(2) 推进工单驱动，深化全程管控。

1) 推进配电网主动运维。依托供电服务指挥平台，全方位把握设备投运日期、缺陷、异常和负荷等信息，结合配电网运维历史数据和配电网设备状态，自动生成主动运维工单，针对性地开展设备巡视和带电检测。结合迎峰度夏、度冬（煤改电区域供暖）、防汛以及重大活动保供电需求，自动生成特殊运维计划和工单，开展设备特巡。基层人员对于巡视发现的问题通过工单及时进行上报，纳入缺陷流程进行闭环处置。供指中心对运维工单发起、执行进行全过程跟踪管控，对于反馈的现场信息进行审核，确保巡视工作规范、到位。

2) 强化配电网主动检修。深化营配调数据贯通应用，实现配电网设备状态主动监测，对于设备重过载、电压质量异常、低压三相不平衡等配电网异常情况，自动生成检修工单，指挥检修班组及时进行处置。完善设备状态评价标准，根据状态评价结果自动生成检修工单，开展主动检修，减少设备故障带来的停电影响，供指中心对于超时工单进行预警和催督办，严格管控计划停电执行，进一步提高供电可靠性。

3）深化配电网主动抢修。以配电网"站—线—台—户"一张图为基础，强化停电分析到户，综合变电站停电信息、线路跳闸信息、台区停电信息和用户失电信息，自动研判停电影响区域和停电客户，生成主动抢修工单开展抢修工作，抢修人员及时将处置过程信息通过工单进行反馈，实现抢修全程可视化。供指中心结合工单处置情况，根据需要及时协调抢修人员、车辆和物资参与抢修，及时跟踪工单处理进度，强化工单质量管控，并对超时工单进行督办，降低配电网停电对用户的影响，有效提升客户服务水平。

（3）强化系统支撑，提升数据质量。

1）完善供电服务指挥平台功能。完善供电服务指挥平台工单功能，实现设备异常智能研判，深挖历史数据、周期数据、状态评价数据和实时、准实时数据价值，支持配电网的主动运维、主动检修和主动抢修工作，拓展工单自动派发、回单自动校核，推动自动派单实用化。在确保配电专业移动应用数据安全前提下，完善移动作业终端功能，推动配电网拓扑图形、设备台账、故障停电、设备异常等信息在移动作业终端的实时查询，支持现场照片、录像数据、位置信息与工单的关联及快速回传，探索移动作业终端语音输入，提高现场作业信息录入便捷性。将供电服务指挥平台向不同层级的配电网运维人员推广应用，支撑大屏、桌面、移动终端等应用方式，做到各层级业务人员信息及时、准确。

2）强化营配调数据融合共享。结合电网资源业务中台建设，在形成配电网"站—线—台—户"一张图的基础上，融合调度自动化、配电自动化、用电信息采集系统数据，实现停电信息、故障信息、线路和设备重过载信息、客户失电信息的共享应用。加强配电台区异常监控，对于已安装台区智能融合终端（智能配电变压器终端）的配电台区要深化相关功能应用，对于暂未安装的配电台区，要做实用电采集系统台区数据的小时级共享应用，全面支撑台区重过载、电压质量和设备异常的主动监测。

3）提升配电网业务基础数据质量。结合电网资源业务中台建设及配电专业基础数据治理工作，加强营配调数据质量稽查及管控，监测供指中心运营过程中发现的台账、拓扑、参数、采集等错误情况，形成营配基础数据校核督办工单，下派至相关部门（班组）闭环整改，结合线路、台区停电做好"线—变—户"拓扑信息的校核工作。严把配电网业务基础数据源头质量关，完善数据维护入口前端校验机制，做好配电自动化、PMS2.0等系统的基础数据维护，提高各系统基础数据质量，提升工单派发的准确性。

（4）细化分析评价，发掘工单价值。

1）强化工单数据分析。加强对配电网运维、检修、抢修等主动工单数据的挖掘分析，实现设备运行和缺陷等关键指标的全过程管控，提升配电设备风险评估和预警能力。加强配电运维人力、物力、时间成本及抢修现场、人员管理和作业成效评价分析，提出流程优化和成本控制等合理化建议。结合"三项制度改革"等工作，不断推动业务工单化、工单价值化、价值绩效化。强化改造前后设备规模、供电可靠性、供电能力与供电质量和设备运行年限等工程项目效益指标分析，实现配电网项目投资精准决策。

2）开展工作质效评价。细化各类工单完成质量的评价标准，从接、回单及时性、反馈质量、整改及时性、工单督办等多个维度全面评价工作质效。完善信息化评价手段，以系统自动评价为主、人工评价为辅，力求客观公正地反映工单执行综合情况，以问题为导向促进配电网运检工作提质增效。做好工单常态监控及溯源分析，定期梳理存在问题，制订改进措施，建立差异化考核评价机制，评价结果纳入绩效考核。

4. 工作要求

（1）加强组织领导。省电力公司和地市供电公司层面要成立分管领导牵头、相关部门协同参与的专项工作组，编制本单位推进工单驱动业务配电网管控模式建设的实施方案，明确业务范围和工单类型，制订目标任务、职责分工、计划节点、保障措施等，确保整体工作的有序推进。

各单位于9月30日前将工单驱动业务配电网管控模式建设实施方案上报国网设备部。

（2）修订制度流程。地市供电公司要明确设备管理部门、供指中心和供电服务班组（所）三者在各项业务流程中的职责定位和关系，细化工单生成逻辑、流转流程和评价标准，修订相关制度流程，为各项业务按新模式有序开展提供制度保障。

（3）优化组织结构。地市供电公司要根据配电设备管理业务工单驱动开展需要，优化供指中心内设组织机构，强化配电设备管理人员配置，为各项业务按新模式有序开展提供组织保障。

（4）强化过程管控。省电力公司要建立工作例会制度，跟踪各地市供电公司工作进展，协调解决存在问题。各地市供电公司要建立周通报机制，定期通报检修分公司、供电服务中心、供电所配电班组工单驱动业务执行情况和存在的问题，做好工单驱动业务相关各类指标、绩效的分析与管控，并予以考核兑现。

5. 做好宣贯实施

省电力公司、地市供电公司要全面做好新模式宣贯培训工作，做到全员集中培训和班组定期培训相结合，将工单驱动业务工作目标、工作理念及相关工作标准宣贯到配电网战线的广大干部职工，扎实开展各项业务应用，不断总结提炼实践经验，确保配电网管控模式革新取得实效。

🎙 附录D　电力保供个案处置

《国家电网有限公司关于建立电力保供个案问题处置工作机制的意见》

1. 总体要求

坚决贯彻党中央、国务院关于能源电力保供的决策部署，坚持以人民为中心的发展思想，践行"人民电业为人民"企业宗旨，以时时放心不下的责任感，聚焦客户关切、社会关注的较大规模居民客户、重要客户、敏感民生客户停电等热点问题，建立健全停电监测、问题处置、信息报送、舆情应对等工作机制，抓细抓实供用电设施隐患排查治理、用电服务管理、客户设施抢修服务等重点工作，有效防范和高效处置电力保供个案问题，防止问题升级和事态扩大，积极服务人民美好生活用能需要，服务经济社会高质量发展。

2. 职责分工

国网营销部、设备部，党组宣传部协同配合，共同做好客户产权配电设施排查、电力保供问题监测处理、舆情监测处置等各项工作。相关部门、单位工作职责如下：

国网营销部负责牵头做好电力保供个案问题协调处置工作；负责常态化开展客户用电服务和用电安全管理；负责组织开展电力保供问题监测信息的汇总、分析和报送，向国家有关部委沟通汇报；会同国网设备部开展各类小区客户产权配电设施的隐患排查；配合开展电力保供个案问题溯源分析；配合做好舆情监测和应急处置工作。

国网设备部负责牵头开展各类小区公司产权配电设施隐患排查及治理，配合国网营销部做好各类小区客户产权配电设施的隐患排查；负责统筹做好配电网故障抢修服务管理；负责组织开展电力保供问题监测分析，第一时间组织落实电力保供个案问题应急处置；负责电力保供个案问题的溯源分析。

党组宣传部负责组织牵头开展电力保供个案问题相关舆情监测及应急处置工作，健全舆情监测网络，强化舆情联动处置；负责与宣传、网信管理部门对接，做好舆论引导和正面宣传工作；负责指导各省电力公司上下联动，开展舆情处置工作。

省（自治区、直辖市）电力公司负责落实电力保供个案问题防范和处置主体责任；负责建立并完善本单位电力保供个案问题处置工作机制，成立专项工作小组；负责落实本单位电力保供个案问题的监测分析、现场调查处理和舆情应急监测处置工作；负责向总部相关部门报送信息，编制问题调查处置报告。

3. 重点任务

(1) 全面开展配电设施隐患排查治理。

1) 全面开展公司产权配电设施隐患排查治理。聚焦城中村、各类居民小区，一是对公司产权配电设施开展专项隐患排查，强化设备巡视，重点排查线路基础不牢、导线断股等倒杆断线隐患，线路通道树障异物等消防隐患；强化带电检测，重点对电缆接头、配电变压器、线夹等开展红外测温，对环网箱、电缆终端等开展局放测试；强化设备异常监控，依托供电服务指挥平台，加强对重过载线路和台区、短时低电压、三相不平衡等异常情况的监控，7月15日前完成排查并建立设备隐患台账。二是对公司产权配电设施，严守"隐患不除、电网难安"底线，开展专项治理，逐项分析制订整改措施，明确整改责任人和整改时限，闭环销号。（责任部门、单位：国网设备部、国网营销部，各省电力公司）

2) 全力推动做好客户产权配电设施隐患排查治理。一是各省电力公司组织对客户自有产权配电设施进行全面排查梳理，发挥各级配电网运维专业力量，重点对高层小区单电源供电，以及城中村、各类居民小区设备老旧、重过载、试验超期、运维不到位、无应急发电车接口等易引发电力保供个案问题的风险隐患情况进行摸排，7月15日前完成排查并建立设备隐患台账，并将前期开展敏感民生客户隐患排查形成的成果一并纳入台账清单。二是7月底前要向各级政府部门专题汇报居民小区客户产权配电设施隐患情况和外部电源配置情况，并提供必要的技术服务，积极指导客户消缺整改。三是各级营销部门要积极向政府沟通汇报，争取政策支持，促请政府部门建立客户产权配电设施隐患整改、运维抢修机制，推动居民小区老旧配电设施改造和资产移交等各项工作，彻底解决居民小区供用电安全隐患和短板。（责任部门、单位：国网营销部、国网设备部，各省电力公司）

(2) 强化客户日常用电服务管理。

1) 进一步优化客户用电服务。一是扎实开展用电安全现场检查，主动服务、指导客户排查内部配电设施安全隐患，建立客户用电安全隐患清单，加强过程监督管控，确保重要客户及敏感民生客户"四到位"执行率达到100%。二是做好向客户沟通解释，无论是个案问题还是计划检修涉及的各类停电客户，均要及时向客户推送信息或联系说明，在充分做好保障的基础上取得客户谅解，在源头上避免舆情发酵。三是强化政企协同，各地市供电公司营销分管领导要亲自挂帅，与政府主管部门进行沟通汇报，推动政府在隐患排查、治理工作中发挥主导作用，促请政府部门采取挂牌督办、逾期惩处、责任追究等行政手段加大客户隐患督促整改力度，确保取得实效。（责任部门、单位：国网营销部，各省电力公司）

2）强化 95598 热线服务工作。一是保障服务渠道畅通，压紧压实热线运营保障责任，国网客服中心要科学预测高温天气下电话业务峰值，配齐值班力量，话务高峰期实行领导人员带班值班、管理人员全员轮班制，确保"值班到岗、责任到人"，保障 95598 热线、"网上国网"等各类服务渠道稳定运行。二是强化客户服务需求响应，配强各省营销服务中心、市县供指中心、供电营业厅等一线服务值班备班力量，高效组织客户故障报修、应急送电、服务申请等各类电话业务，提高 95598 工单闭环处置效率。三是加强 95598 工单分析研判，国网客服中心要重点监测区域性故障报修话务变化情况，结合电网检修信息，研判较大规模客户停电事件，并将研判结果及时向省电力公司专题反馈并报送国网营销部和国网设备部。（责任部门、单位：国网营销部、国网设备部，国网客服中心，各省电力公司）

（3）建立电力保供个案问题监测处理机制。

1）深化电力保供问题监测分析。一是健全电力保供问题监测工作机制，供指中心要综合客户报修、停电监测等信息，及时掌握停电影响台区和客户数量，密切关注是否同一区域密集报修、是否影响重要客户和敏感民生客户，将全量故障停电事件实时推送至 PMS3.0（3min 以内短时停电信息不推送，初报时不必确定故障原因）。总部、省电力公司两级生产管控中心和供指中心分级进行全过程闭环管控。二是加强用电客户标签及小区档案管理应用，对涉及居民、农业、重要公共事业以及其他领域的重点客户和敏感民生客户添加属性标签，支撑电力保供问题精准研判；对尚未落实一户一表的客户专用变压器小区，要加强小区核查建档，摸清供用电设施、建筑规模、小区户数等信息。三是充分应用技术手段，加强供电服务指挥、电网资源业务中台、用电信息采集等系统数据贯通应用，实现客户停电事件的自动监测和主动告警。（责任部门、单位：国网设备部、国网营销部，各省电力公司）

2）建立电力保供个案问题信息报送机制。加强电力保供个案问题信息报送管理，对较大规模居民客户停电，以及重要客户、敏感民生客户停电事件，要分级履行信息报送程序。对 1000 户以上停电、重要客户停电、敏感民生客户停电或引发舆情的事件，以及研判认为有必要报送的其他特殊事项，不论是否为供电公司责任均需报送，未发生相关问题的执行"零报告"制度。对可能造成较大影响的事件，应第一时间专题报送并持续跟踪事件进展，直至处置完毕。地市供电公司监测发现问题，各专业数据核对一致后，通过系统平台实时推送到省电力公司；省电力公司确保 30min 内通过系统平台推送至总部，迎峰度夏等保电期间，同步报送应急值班室；国网营销部每日 7:00 前汇总前一日（0:00～24:00）停电信息和影响较大舆情事件，报送上级主管部门。各省电力公司营销部、设备部（配网部）、宣传部要于 6 月 25 日前明确信息报送负责人和联系人。（责任部门、单位：国网营销部、国网设备部、党组宣传部，各省电力公司）

3）做好电力保供个案问题抢修服务。一是加强业务指导和技术服务，联合政府部门和客户，定期开展城中村、各类小区客户产权配电设施故障抢修应急演练，熟悉客户设备、运行状况和运行环境，帮助客户提高故障抢修水平。二是坚持"先复电、后抢修"原则，发生故障后第一时间组织力量，配合做好客户自有产权配电设施故障抢修，对无法有效自行开展故障抢修的城市居民小区，将客户产权配电设施就近纳入公司网格抢修范围，优先采用不停电作业方式抢修，不具备不停电作业条件的，在抢修期间采用应急发电车等方式保障客户应急用电。三是强化故障抢修安全管理，严格执行验电、接地等安全措施，做好客户发电机及新能源并网设备的安全隔离，确保开断点可见可控，杜绝反送电安全事故。（责任部门、单位：国网设备部、国网营销部，各省电力公司）

（4）全力做好舆情监测及应急处置工作。

1）健全舆情监测报告机制。一是各单位成立舆情工作专班，制订实施舆情应急预案，按"早发现、早报告、早研判、快处置"原则，开展 7 * 24 小时全天候全媒体全覆盖舆情监测，研判可能造成较大影响的网络发帖和舆情事件，关注事件热度，及时发现苗头性、倾向性问题。二是严格执行舆情报告制度，对电力保供个案问题形成舆情，并造成一定影响的（有媒体报道或 3 个以上自媒体公众号发布信息），须在舆情发生 2 小时内向党组宣传部报告舆情监测情况，后续逐日上报处置进展直至处置完成。（责任部门、单位：党组宣传部，各省电力公司）

2）做好舆情处置及宣传应对。一是及时果断处置电力保供个案问题舆情，对于歪曲解读、恶意炒作的负面舆情，及时报请网信管理部门采取有力措施实施管控，同时报请新闻宣传管理部门对发布主体实施处罚；加强与中央、地方媒体和今日头条、抖音等平台以及自媒体公众号沟通联络，对负面敏感信息不炒作、不转载、不推送。二是加强正面宣传引导，强化公司迎峰度夏电力保供举措和成效宣传，弘扬主旋律，传递正能量；在用电紧张地区，或造成一定舆情影响时，适时开展电力保供信息发布，积极回应公众关切；组织开展正面舆论引导，切实防范化解舆情风险。（责任部门、单位：党组宣传部，各省电力公司）

（5）建立健全问题追责问责机制。严格落实问题溯源和责任追究。对问题监测处理、舆情应急处置等过程和效果及时进行分析，总结在问题监测、信息报送、抢修服务、舆情应对等方面存在的不足，制订针对性改进提升措施并抓好落实，持续改进问题处置流程和方法，提升处置质量。对造成不良后果和影响的，依照公司规章制度，按"四不放过"的原则，严肃追究相关单位和人员责任，加强事件警示教育和学习反思，防范类似事件再次发生。（责任部门、单位：国网

营销部、国网设备部、党组宣传部，各省电力公司）

4. 工作要求

（1）高度重视，强化组织领导。各单位要提高站位，深刻认识电力保供个案问题处置工作的重要性和紧迫性，围绕问题处置各项重点措施，细化制订工作方案，进一步强化问题处置各环节组织领导，压紧压实各部门各环节工作责任。

（2）加强辨识，提升响应效率。各单位要提高问题敏感性和风险意识，充分应用各类技术手段，加强电力保供个案问题研判的及时性和准确度，第一时间发现问题、解决问题、迅速做好信息报送和现场调查处置工作，防止小事拖大、大事拖炸。

（3）高效应对，做好舆情处置。各单位要正视电力保供个案问题给公司形象和工作秩序可能带来的严重影响，协同联动、高效应对，主动向政府主管部门和新闻媒体等各方面沟通汇报，积极开展正面宣传和舆论引导，维护公司品牌形象。

🎤 附录 E　停送电信息发布

《国家电网有限公司 95598 客户服务业务管理办法》
第四章第二十九条　停送电信息报送管理

1. 停送电信息分为生产类停送电信息和营销类停送电信息。生产类停送电信息包括计划停电、临时停电、故障停电、超电网供电能力停电、其他停电等；营销类停送电信息包括违约停电、窃电停电、欠费停电、有序用电（需求侧响应）、表箱（计）作业停电等。

2. 停送电信息报送管理应遵循"全面完整、真实准确、规范及时、分级负责"的原则。

3. 地市、县供电公司相关部门按专业管理职责，开展停送电信息编译工作并报送至国网 95598 业务支持系统，各专业对编译、录入的停送电信息准确性负责。

4. 国网客服中心根据客户报修情况，对未及时报送停送电信息的单位，可向地市、县供电公司派发催报工单，地市、县供电公司在收到国网客服中心催报工单 10min 内，按要求报送停送电信息。

5. 生产类停送电信息报送管理

（1）报送内容主要包括。供电单位、停电类型、停电区域、停电范围、停送电信息状态、停电计划时间、停电原因、现场送电类型、停送电变更时间、现场送电时间、发布渠道、高危及重要用户、客户清单、设备清单等信息。

（2）报送时限。

1）计划停送电信息应提前 7 天向国网客服中心报送。

2）临时停送电信息应提前 24 小时向国网客服中心报送。

3）故障停送电信息。配电自动化系统覆盖的设备跳闸停电后，应在 15min 内向国网客服中心报送。配电自动化系统未覆盖的设备跳闸停电后，应在抢修人员到达现场确认故障点后，15min 内向国网客服中心报送。

4）超电网供电能力停电信息原则上应提前报送停电范围及停送电时间等信息，无法预判的停电拉路应在执行后 15min 内报送停电范围及停送电时间。

5）其他停送电信息应及时向国网客服中心报送。

6）停送电信息内容发生变化后 10min 内应向国网客服中心报送相关信息，并简述原因；若延迟送电，应至少提前 30min 向国网客服中心报送延迟送电原因及变更后的预计送电时间。

7）送电后应在 10min 内向国网客服中心报送现场送电时间。

6. 营销类停送电信息报送管理

（1）欠费停复电、窃电、违约用电等需采取停电措施的，地市、县供电公司营销部门应及时在营销业务应用系统（SG186）内维护停电标志。

（2）省电力公司按省级政府电力运行主管部门的指令启动有序用电（需求侧响应）方案，提前 1 天向有关用户发送有序用电（需求侧响应）指令。同时，以省电力公司为单位将有序用电（需求侧响应）执行计划（包括执行的时间、地区、调控负荷等）报送国网客服中心。有序用电（需求侧响应）类停送电信息应包含客户名称、客户编号、用电地址、供电电源、计划错避峰时段、错避峰负荷等信息。

（3）表箱（计）作业停电，地市、县供电公司营销部门应提前 24 小时报送停送电信息，报送内容应包含停电区域、停电范围、停电计划时间、停电原因、现场停送电时间、设备清单、客户清单等信息。

附录 F　供电质量问题治理

《国家电网有限公司关于印发深入开展供电质量服务
问题专项治理八项措施的通知》

为贯彻落实公司党组决策部署，全力做好电力保供和服务保障民生工作，以更高标准、更大力度治理客户反映的频繁停电、低电压等供电质量问题，更好地满足人民美好生活用电需要，公司结合实际，研究制订八项具体措施。各单位要切实抓好落实，深化问题源头治理，持续提升服务质量和服务水平。

1. 加快推进存量问题治理"见底清零"。全面梳理 2021 年以来，客户通过 95598、网上国网、12398、12345 等渠道投诉、意见反映的频繁停电、低电压等供电质量问题，对尚未彻底解决、确需通过改造措施治理的，逐一建立存量问题清单台账，9 月底前报国网发展部、设备部和营销部。按"一问题一措施"要求，认真组织现场勘查，科学制订治理措施，合理界定改造范围，提出相关变电站、线路、台区改造项目需求，在 2022 年综合计划调整和 2023 年综合计划编制中优先安排。确保 2023 年上半年前，全面完成 10 千伏及以下存量问题治理，涉及上级电网建设改造的，按轻重缓急尽快组织实施，加快推进客户反映存量问题"见底清零"。（责任部门、单位：国网设备部、发展部、营销部，国网客服中心，各省电力公司）

2. 建立增量问题配套电网改造绿色通道。后续 95598、12398 及其他渠道派发的频繁停电、低电压等供电质量类投诉、意见工单，确需通过配套电网改造才能彻底治理的，纳入公司规划和综合计划管理，相应项目增设供电质量问题治理标签，关联相关投诉、意见工单，视项目性质及时安排技改或基建投资，由地市供电公司直接实施。强化立项、设计、物资、建设全过程统筹管控，从客户诉求工单下派之日起，10 千伏及以下项目改造周期原则上不超过 45 个工作日，涉及上级电网建设改造的可适当延长。对客户多次报修反映的配电网薄弱设施，由基层单位提报需求并对项目进行标记，经统筹后优先解决，推动从源头上彻底治理。（责任部门、单位：国网发展部、设备部、营销部，各省电力公司）

3. 全面提升配电网精益运维水平。结合客户诉求情况，严格落实差异化巡视要求，动态调整重点巡视检测范围。推广无人机精细化自主巡检和配电网设备状态检测，提前发现并主动治理设备缺陷。加大频停线路、台区巡视和隐患排查治理力度，认真查找故障原因，优化运维措施，降低配电网故障风险。加强台区运行情况监控，做好台区末端电压质量跟踪监测，及时采取母线调压、调整挡位、切改负荷、投入无功补偿等措施解决短时低电压问题。（责任部门、单位：国网设备部，各省电力公司）

4. 着力优化停电安排和抢修服务。统筹预安排停电和综合作业管理，按"年度统筹、季度预排、月度平衡"原则，做到"一停多用、停必停好"，力争一次计划停电集中解决所有问题，最大限度压降停电时间和停电范围，避免用户短期内重复停电。持续提升不停电作业能力，积极采取"转、带、发"等措施减少用户停电，做到"能转必转、能带不停"。优化"网格化"抢修布点，提高故障停电响应速度。加强停电主动研判和主动告知，在客户感知前精准通知到户，缓解客户焦虑情绪，减少投诉风险（责任部门、单位：国网设备部、营销部，各省

电力公司)

5. 加强服务全过程风险与质量管控。强化诉求处置过程风险管控，建立"两告知一回访"制度：处理单位接到供电质量类投诉、意见或故障报修工单后，第一时间告知客户已安排处理；处置完成后，及时告知客户处理结果及今后整改安排；国网客服中心在收到回单后，24小时内对客户进行回访，跟踪督导问题彻底治理。强化回单质量管控，科学研判问题性质，如实填写问题情况，坚决纠正"问题未妥善处置即回单、无整改措施即回单、回单内容与实际情况不符"等现象，防止问题未有效治理情况下进行归档处理。(责任部门、单位：国网营销部、设备部，国网客服中心，各省电力公司)

6. 建立突出问题治理协同督办机制。建立总部、省、市三级挂牌督办机制，常态化将95598、12398等渠道反映的停电频次高、低电压持续时间长等突出问题纳入督办清单，按周滚动更新，根据发生频次及问题严重程度，分级挂牌、分级督办，构建"总部统筹、省负总责、市县抓落实"责任体系，限期整改销号，确保件件问题有人管、条条措施能落地。完善供电服务问题跨专业分析治理例会机制，落实各级业务部门责任，以前端客户诉求问题推动业务部门审视管理不足、加强专业管理、统筹资源配置、彻底解决问题。(责任部门、单位：国网营销部、设备部、发展部，国网客服中心，各省电力公司)

7. 开展客户诉求大数据溯源分析。国网客服中心、省营销服务中心充分利用各渠道受理的供电质量诉求海量数据，按月深入分析频繁停电、低电压等各类问题的区域分布、产生时段、发展趋势、发生原因等，为总部和省电力公司提供决策支撑；地市供电服务指挥中心组织各责任单位，按月分析和溯源供电质量问题多发的线路和设备，从网架、设备、技术、管理、服务等多维度深挖问题成因，对主网供电能力不足、设施设备老化、通道治理不到位、台区配电变压器容量不足、高低压线路过长、三相负荷不平衡等问题进行研判，结合实际系统研究治理措施和建议，为精准投资、定向治理提供依据。(责任部门、单位：国网营销部、设备部，国网客服中心，各省电力公司)

8. 强化问题治理结果跟踪考核。针对供电质量类投诉、意见，总部组织国网客服中心在工单归档2个月后开展处理结果验证，通过再次回访客户、跟踪线路或台区同类诉求、查证系统数据等方式，综合验证问题是否彻底解决。落实差异化考核机制，对已经彻底解决的问题，不再纳入绩效考核；对仍未解决的问题，实行挂单处理，督导相关单位尽快治理；对因解决不到位导致客户升级投诉的问题，加大考核力度，并责令相关省电力公司"说清楚"，限期整改到位。(责任部门、单位：国网设备部、营销部，国网客服中心，各省电力公司)

🎙 附录 G 数字化转型

《国家电网有限公司设备管理数字化转型工作方案（2024—2025 年)》

为落实公司"十四五"发展战略，加快建设新型电网，打造数智化坚强电网，深化 PMS3.0 建设应用，全面支撑现代设备管理体系高效运转，特制订设备管理数字化转型两年工作方案（2024—2025 年）。

1. 工作思路和目标

（1）工作思路。认真贯彻公司 2024 年工作会议精神，深刻领会数智化坚强电网"44345"主题要义，全面落实公司《关于进一步加快数字化转型的意见》（国家电网办〔2023〕326 号）要求，以现代设备管理体系为指引，深度融合数字技术和设备管理，以提升设备管理质效为核心，以价值创造为目标，以基层减负为导向，围绕 PMS3.0 实用化、规模化应用"一个主线"，提升电网资源业务中台"平台化"、数字技术"实用化"、标准规范"体系化""三种支撑能力"，全力推进设备、作业、管理、协同"四个数字化"，构建产品全寿命运营、人才全方位培养"两个管控体系"，打造设备智慧管理综合示范区，推进数字设备建设、作业方式升级、管理模式变革、专业协同发展，推动设备管理现代化，有效支撑新型电力系统、新型能源体系建设。

（2）工作目标。力争到"十四五"末，实现 PMS3.0 实用化、规模化应用，基本实现设备、作业、管理、协同"四个数字化"，支撑现代设备管理体系高质量运转。

2024 年是 PMS3.0 建设推广年。设备管理数字化转型支撑能力显著提升。输配电线路重点缺陷发现率分别达到 87%、85%。建成 23 座数字站，实现换流站和特高压变电站数字化全覆盖。配电网透明化建设初见成效，融合终端在线率达 95% 以上。实现 PMS3.0 基础作业应用规模化、专业管理应用全面上线。110 千伏及以上输电线路无人机自主巡检覆盖率达 60%，220 千伏及以上变电站智能巡视系统覆盖率达 70%。设备全过程贯通深化应用，两级数字化产品全寿命运营管控体系初见建成。

2025 年是 PMS3.0 深化应用年。设备管理数字化转型支撑能力全面提升，无人机电力北斗服务切换完成率达 100%。配电网透明化建设全面实现，配电馈线自动化覆盖率达 90%。110 千伏及以上输电线路无人机自主巡检覆盖率达 80%。基本实现 220 千伏及以上变电站智能巡视系统全覆盖。设备健康管理模式、项目精准投资模式全面深化应用。设备全过程贯通全面覆盖新增输变电工程。两级数字化产品全寿命运营管控体系全面建成并高效运转。

2. 工作原则

（1）坚持问题导向。聚焦设备全过程管理和全环节作业的难点、痛点、堵点，围绕企业发展、电力保障等工作要求，结合基层单位提质、增效、减负需求，健全用数据发现、分析、解决问题的长效管控机制，提升设备管理数字化转型质量、效率、效益。

（2）坚持创新驱动。推进先进技术创新，深度融合先进数字化技术手段与设备管理要素，推动设备管理数字化、智能化、智慧化发展。推进管理体制创新，不断优化业务流程、管理模式，主动适应电网发展要求，全面提升设备管理质效。

（3）坚持统筹推进。刚性执行统一的设备管理数字化转型架构和路径，强化业务协同、共建共享、资源复用。统筹各单位、各专业、各层级需求，做到共性需求全网覆盖、个性需求因地制宜，保障总部、分部、省电力公司、直属单位建设应用协同推进。

（4）坚持规范运营。总结迭代数字化转型设计、建设、管控等方法论，健全组织、协同、过程、评价等多维度常态化运营管控机制，完善服务、数据、应用管理标准和规范，支撑各层级、各专业数字化应用敏捷响应、快速迭代。

3. 重点任务

按设备管理数字化转型"1342"两年整体推进思路，重点推进9个方面38项任务。

（1）提升电网资源业务中台"平台化"支撑能力。充分利用电网资源业务中台共享贯通能力，以支撑业务部门企业级应用为导向，深化业务中台模型、服务和数据建设，提升中台"平台化"支撑能力，推动构建业务中台共享赋能新生态。

1）强化电网资源业务中台企业级能力建设。拓展新型电力系统业务模型，提升中台模型多态表达能力，深化同源维护智能化、组件化、服务化、移动化能力建设。以支撑设备全过程、规建运一体化、营配调贯通等企业级应用为主线，做强资源、资产、图形、拓扑中心，做厚作业管理中心，做优电网分析和企业级气象数据服务中心，持续深化中台企业级能力。完善电网资源业务中台门户，打造中台能力开放社区，建成企业级中台应用生态。（设备部、数字化部牵头，相关省电力公司负责，南瑞集团、国网大数据中心等单位配合）

2024年，电网资源业务中台规范化应用水平全面提升。3月底，编发中台全过程透明化管理方案。6月底，基于统一模型顶层设计，拓展充电桩、储能、虚拟电厂等新型电力系统业务模型，试点应用同源维护组件化、移动化功能，推动数据随业务伴生。9月底，拓展电网分析、动态拓扑分析、气象分析预警等标准服务，增强各中心服务能力，支撑企业级应用建设。12月底，完成模型统一迭代，规范中台应用支撑能力，完成中台门户建设。

2025年，企业级中台应用生态初步建成。全面实现电网资源业务中台模型统一，推动规建运多环节图模数据贯通，支撑设备全过程本质贯通，全面推广同源维护组件化、移动化功能应用，贯通多态图模。探索同源维护智能成图、语义识别等技术应用。

2）提升"电网一张图"基础平台能力。拓展电网资源要素上图纳管范围，实现"源网荷储"新要素全覆盖。持续完善非电类量测数据接入，优化电网实时拓扑分析能力，提升动态电网一张图实用化水平。推动内外部三维数据资源整合，构建电网三维模型支撑能力。加强一张图组件化、移动化能力建设，提升人机交互水平。深化多态一张图建设，全方位构建"用图作业、用图指挥、用图服务、用图管控"能力。（国网设备部、数字化部牵头，各分部、省电力公司，南瑞集团、国网信产集团负责）

2024年，建设具备"时间—空间—状态"特征的电网全景视图。3月底，在18家单位完成电厂、光伏、充电桩上图推广应用。6月底，完成基建工程、航拍采集三维数据接入、展示及共享服务顶层设计。9月底，开展电网网格和气象网格融合应用，实现强对流、强降雨、地震等重点气象灾害对电网影响的分析。12月底，按需完成量测数据接入，实现一张图准确叠加，拓展电网一张图服务及移动组件，支撑设备管理专业应用建设。

2025年，"电网一张图"全面规模化应用。支撑专业应用图形化改造，提升与各业务系统的协同能力。结合业务及管理模式变革，增强专业场景可视化表达能力和赋能水平，激活数据应用价值。

3）探索建设电网OS。探索构建电网开放共享生态平台，研发具备标准化数据、计算及服务的电网OS。在"物理—数字"构建映射层面，实现各类资源要素即插即用。在数字智慧驱动层面，实现感知透明化、服务透明化，提供"数据＋知识＋算力"底层支撑，赋能业务驱动。在业务应用决策层面，基于电网OS灵活注册与构建，获取各类业务运行特征信息，实现电网业务智慧分析、判断和决策。（国网设备部、数字化部牵头，南瑞集团负责，中国电科院、大数据中心等单位配合）

2024年，推进电网OS架构探索和设计，配电网业务试点验证成效初显。3月底，开展电网OS架构探索和设计，聚焦配电网现有数据及实际需求，完成配电网侧试点需求梳理及验证。6月底，完成具备低代码开发、标准化输入输出、智能交互以及持续训练和解答等多种能力的数字化配电网OS分层架构设计。9

月底，探索构建面向业务人员、电力客户、研发单位以及第三方聚合商的生态共享平台。12月底，完成配电网OS研发工作。

2025年，开展配电网OS试点建设，配电网分析决策应用初步实现。推进平台测试和网省试点建设工作，基于电网规则与知识库，构建具有智能分析、预判、决策能力的人工智能引擎。开展电力电量平衡、分布式资源管控、配电网计算推演、停电透明化和状态透明化等配电网业务应用，实现配电网海量数据分析和价值挖掘，有效提升配电网智慧决策水平。

（2）提升数字技术"实用化"支撑能力。统筹整合数字技术资源，加强设备管理公司级样本库、高质量模型库建设运营，探索应用数字孪生等先进技术，为设备管理数字化转型提供统一坚强的数字技术支撑能力。

1）深化人工智能技术攻关应用。聚焦电网设备典型缺陷发现能力，不断丰富变电智能巡视、无人机巡检、通道可视化图像样本库。常态化开展算法培育，探索大模型与专用模型融合迭代模式，健全规范化算法激励模式。完善云边协同机制，持续推进智能巡视系统接入人工智能"两库一平台"。深化语音助手、智能检索等人工智能技术"实用化"攻关，实现基层工作提质增效。（设备部、数字化部牵头，各省电力公司负责，中国电科院、国网经研院、南瑞集团、国网信通产业集团等单位配合）

2024年，推动图像智能识别实用化提升。3月底，完成输电线路无人机巡检图像识别技术水平测试，制订输电无人机巡检样本增补计划。聚焦变电主设备渗漏油、破损变形、表计状态异常3类典型缺陷，联合数字化部遴选种子模型并开展揭榜挂帅攻关工作。6月底，开展大模型和专用模型融合应用模式研究。推进智能巡视优质算法模型试点应用和跟踪评估。12月底，实现输电无人机样本库中可见光、红外缺陷样本分别不少于150万张、5000张，漂浮物及山火发现率88%。新增变电主设备典型缺陷样本25万张，完成400座330千伏以上变电站智能巡视系统云边协同接入"两库一平台"。

2025年，初步构建图像智能识别算法生态体系。开展大模型产品功能、性能等全方位技术攻关，研究大模型与专用模型融合应用，建立模型统筹、模型评价、模型准入及模型激励机制，初步构建图像识别算法生态体系。无人机可见光、红外图像算法智能识别发现率达到87%、80%，通道可视化图像算法智能识别发现率达90%。

2）深化北斗定位技术实用化应用。开展电力北斗定位服务测试和切换，完成无人机、在线监测装置北斗改造可行性验证，加快存量装置装备北斗技术改造，推动新增终端电力北斗技术全面应用。加快基于北斗高精度定位、无信号区北斗短报技术的部署，推进设备领域北斗技术规模化应用。深化北斗技术融合应

用，开展新型电力北斗终端研究应用。（设备部、数字化部牵头，各省电力公司
负责，中国电科院、国网经研院、南瑞集团、国网信通产业集团等单位配合）

2024年，无人机巡检北斗应用全覆盖。4月底，完成无人机、在线监测装置
北斗改造可行验证测试。9月底，27家省电力公司无人机巡检电力北斗应用覆盖
率达到100%。12月底，持续扩大灾害监测预警覆盖范围，在特高压输电线路无
信号区建设北斗短报文通信示范区，存量无人机、在线监测装置北斗改造完成率
分别达10%、50%。

2025年，深化北斗技术规模化应用。完成全量无人机、监测装置北斗技术
改造，实现电力北斗无人机自主巡检规模化应用。推进北斗与卫星通信、智能传
感等新技术融合应用，研发星地一体高精度定位基站、北斗智能单兵穿戴装备等
新型电力北斗终端并开展试应用。

3）推进数字孪生技术攻关应用。基于电网一张图，采用卫星遥测、激光点
云等技术，融合网架结构、可视化、地理信息、运行工况等数据，应用360度全
景遥感技术，实现站房、通道级实景可视。试点开展关键状态参数感知、高保真
数字化建模、有限元多物理场仿真、三维场景渲染技术应用，依托设备状态检修
决策平台，构建直流一次、二次核心设备数字孪生体，实现设备多物理场仿真及
故障反演。（国网设备部、数字化部牵头，各省电力公司负责，中国电科院、国
网经研院、南瑞集团、国网信通产业集团等单位配合）

2024年，完成直流核心设备数字孪生体基础模型构建。6月底，试点构建重
要输电线路、变电站、管廊等典型三维场景。实现换流阀、换流变、直流开关、
控制保护等设备电、磁、热、流、力、声和物相等状态参数分布和场景再现，构
建针对设备部件级精细化三维模型。12月底，完成基于多物理场的设备精细化
仿真模型构建。

2025年，实现直流核心设备故障反演功能。推进基于数字孪生模型的站房
和线路通道立体导览、虚拟漫游、空间量测、方案模拟。精准描述直流核心设备
的内部运行规律和外部运行特性，拓展孪生模型应用场景，通过在数字孪生体上
构建缺陷状态，采用有限元仿真反演故障发展过程，为换流站核心设备故障分析
提供支撑。

4）推进变电站无线局域网技术应用。开展无线局域网建设实施，提升站内
无线设备的通信可靠性，推动无线设备深化应用，构建无线局域网设备质量管控
体系，高质量服务能源互联网建设。（国网设备部、数字化部牵头，各省电力公
司负责，中国电科院、国网经研院、南瑞集团、国网信通产业集团等单位配合）

2024年，试点建设变电站无线局域网。12月底，试点建成8座500kV及以
上交流变电站无线局域网，提升变电站无线组网的便捷性、规范性和安全性。

2025 年,推进变电站无线设备深化应用。12 月底,完成全量 1000kV 特高压变电站无线局域网建设,逐步推进 750kV 及以下电压等级变电站无线网络覆盖建设。

5) 提升移动技术应用支撑能力。以实用实效、基层减负为目标,重点提升移动平台性能、数据传输效率、数据安全保障、终端设备物联等各项能力,彻底解决卡顿、闪退等典型问题,有效提升用户使用体验,支撑新型移动业务场景拓展。(国网设备部、数字化部牵头,南瑞集团、华云科技、信产集团负责,各省电力公司配合)

2024 年,建立 i 国网问题快速处理响应通道。6 月底,增加移动端研发与软硬件资源投入,提升移动终端离/在线一体化能力,优化隔离装置对数据库适配水平,提升内外网数据交互效率。9 月底,推动仪器仪表与移动终端互联互通、数据自动采集,接入安监准入人脸样本库,支撑人脸在线识别,拓展移动作业覆盖场景。

2025 年,全面推动移动平台能力复用。完成电网一张图、实时量测中心、气象中心、统一视频平台、人工智能平台等平台类服务在移动端的业务场景建设验证,持续完善移动应用标准化服务组件。探索移动应用与知识库体系融合,支持常见问题、技术资料等内容快速索引查询。

(3) 提升标准规范"体系化"支撑能力。坚持体系化、制度化推进,完善数字化技术标准,健全设备管理数字化业务标准规范,全面落实数据主人制,固化数字化转型成果,为设备管理数字化转型提供指导和依据。

1) 健全设备管理数字化业务和技术标准规范。深入分析设备专业数字化转型带来的业务模式变化,梳理完善各专业现有业务标准,按需修编、新增各类专业技术标准及管理规范,促进业数融合成果固化,加速数字化转型成效释放。编发电网资源业务中台规范化应用和中台能力开放指导意见。发布与 PMS3.0 相关的规范应用命名、中台模型扩展、试验检测仪器接入、横向业务协同、纵向数据贯通等技术标准,提升应用研发质量,强化实施过程管控和技术指导。(国网设备部、数字化部牵头,国网江苏、浙江、山东、福建电力负责,南瑞集团等单位配合)

2024 年,全面推进各专业设备管理数字化标准规范修订。3 月底,发布电网资源业务中台 2 项指导意见。建立变电隐患、缺陷、故障标准库相关业务标准,编制在线监测装置台账和监测数据模型管理规范。制订不同类型输电可视化装置差异化配置指导意见。6 月底,制订输电集中监控管理办法、智能架空输电线路技术导则等制度标准。制订无人机健康状态评价方法,编制无人机装备退役报废指导意见。完成数字站技术规范、变电站智能巡视系统检测规范、区域型变电站远程智能巡视系统技术规范修订。下发配电网单相接地故障处置能力提升指导意见。7月底，完善数字站运维管理制度，促进数字站系统运行可靠性提升。9月底，初步形成台区边端设备通信规约标准，建立基于"三遥"信息的配电自动化设备状态评价标准。12月底，完善变电站无线宽带及窄带标准体系，新增PMS3.0界面交互等4项技术规范，完成无人机作业等8项管理规范新增修订，完成输电运行规程等7项技术标准报批。

2025年，持续迭代完善数字化业务标准。完成变电五项通用制度检修管理规定修编。健全健康评估基础数据核查和管理规范。制订数字站软硬件检测管理规定，完善数字站设备设施现场测试评价方法和验收规范。报批无人机巡检系统报废处理规范等2项技术标准。修编PMS3.0业务运营管控指导意见。制订直流设备数据维护技术规范。

2）全面落实数据主人制。坚持"管业务必须管数据，管数据就是管业务"原则，推动数据主人制落地，健全设备专业数据主人管理体系。制订设备专业数据标准，进一步完善各专业数字化标准库。坚持"谁生产谁负责"原则，扎实推进数据治理，提升设备图形、台账及业务数据质量。（国网设备部、数字化部牵头，各分部、省电力公司，南瑞集团、国网信产集团负责）

2024年，深入开展数据治理工作，全面落实设备专业数据源和数据主人认定。3月底，开展图数一致性、台账完整性、台账和图形规范性、拓扑连通性5类数据核查标准梳理。6月底，完成数字站数据标准规范修订，完成500kV及以上变电站6类主设备台账治理。9月底，完善并固化数据校核标准库，完成500kV及以上可视化装置等在线监测设备台账治理。12月底，完成输电架空线路、电缆通道、10kV配电设备台账治理。核查220kV及以上变电设备在线监测数据、离线试验数据并完成治理。完成直流设备状态检修决策平台的量测类数据、设备台账、模型数据的规范设计，并开展数据标准化管理。

2025年，持续开展数据治理，推进PMS3.0数据闭环管理。完成220kV及以上变电6类以及400V配电设备台账治理。开展220kV及以上可视化装置等在线监测设备台账治理。核查治理110kV及以上变电设备在线监测数据、离线试验数据。开展站端、省侧、云端数字站和直流设备状态检修决策平台的关键数据、样本数据和模型数据常态化治理。

（4）推进设备数字化，赋能设备状态主动管控。依托先进感知采集技术，强化电网设备运行环境和状态智能感知能力建设，提升智能设备可观可控能力和数据实时交互水平，以数字技术驱动物理电网升级，赋能设备状态主动管控。

1）持续推进数字站建设。结合前期数字站建设经验和成果，完善数字站平台基础功能，深化高级功能应用，全面推进数字站实用化建设。建立数字站运营管理机制，完善数字站运维服务体系，夯实数字站生产运行基础，提升数字站运行管理水平。（国网设备部、数字化部牵头，各省电力公司负责，国网经研院、中国电科院、南瑞集团、国网信通产业集团等单位配合）

2024年，数字换流站/数字特高压变电站全面建成。6月底，完成已建数字站标准化功能验收，推进数字站平台基础功能迭代升级，开展6项高级应用建设部署。9月底，推进总部及省侧数字站平台、全域直流平台建设，实现安全、风险等10类关键指标监控。12月底，完成23座数字站建设及云站协同工作，打造专业管控移动应用群，总结数字站建设成效。

2025年，数字化检测与运营管理机制初步构建。建立数字站专用软件检测实验室和硬件试验平台，提升软硬件研发规范化水平和准入管理规范化程度。建立数字化运营管理机制，推动竞争型生态运营模式构建。

2）深化输电集中监控建设应用。加快地市级单位集中监控建设，全面实现输电设备（通道）、人员、业务全景可视和集约化管控。加大可视化装置配置力度，推动灾害易发区线路各类装置"应配尽配"，推动装置智能化升级，提升线路状态感知和前端识别能力。推进输电全景监控、高压电缆精益管理系统中台化演进及功能迭代，贯通设备监控、基础作业业务流程，拓展分析决策类高级功能，提升数字化平台支撑能力。（国网设备部牵头，各省电力公司负责，中国电科院、南瑞集团、信产集团等单位配合）

2024年，地市级单位输电集中监控模式全覆盖。9月底，8家试点单位完成全景监控系统中台演进，地市级单位集中监控覆盖率达100%。12月底，26家单位全面完成全景监控、高压电缆系统中台化演进，特高压、超高压线路中可视化覆盖率分别达100%、80%。

2025年，输电集中监控模式持续完善提升。推进500千伏及以上重要线路故障快速诊断装置全覆盖，超高压线路可视化线路建成率达90%。深化输电全景监控应用分析决策能力，拓展设备缺陷隐患辅助研判、巡检策略智能制订等功能。推动监控班由"设备监控中枢"向"数据汇聚分析中心"转变，充分发挥监控班数据汇集、辅助决策等支撑作用。

3）加强变电设备状态监测全过程管控。统一在线监测装置本体和组部件台账、现场检测、定期校验、消缺维保、供应商评价等环节要求，明确装置缺陷和数据异常处置流程，加强在线监测装置状态评估，提升装备本体运行可靠性。构建在线监测和数字化表计数据管控体系，贯通各类监测与试验应用数据，实现设备状态实时预警、历史趋势分析、在线离线对比及图谱分析等功能。（国网设备部、数字化部牵头，相关省电力公司负责，中国电科院、南瑞集团等单位配合）

2024年，变电设备状态监测管控初见成效。4月底，开发装置台账管理、装置评估和数据预警功能。9月底，省侧完成存量装置台账核对整改，试点单位接入 500kV 及以上监测数据，明确装置全过程数字化管理要求。11 月底，试点贯通试验应用相关数据，初步具备到货检测、定期校验、消缺维保等功能。

2025 年，变电设备状态监测管控持续强化。健全装置全过程数字化管理，持续接入 110kV 及以上设备监测数据，强化装置全过程数字化管理，持续迭代装置状态评估和数据预警模型，规范装置异常和数据异常处置流程。

4）加快配电网透明化建设应用。落实"一台区一终端"原则，加快融合终端建设，推进 App 跨平台部署，支撑统一接入管理，推广"融合终端＋"分布式资源管控模式，加强运行状态管控、停电信息管理"两个透明化"建设，深化主配微协同技术研究，提升基于 i 国网平台的配电运行信息移动共享能力，常态化支撑业务工单驱动。（国网设备部、数字化部牵头，各省电力公司负责，中国电科院、南瑞集团、国网智研院、信产集团、智芯公司等单位配合）

2024 年，配电网运行状态、停电信息管理透明化管控初步实现。6月底，编发基于 i 国网平台的配电网运行监测 App 实现方案、融合终端 App 跨硬件平台开发部署方案、"两个透明化"建设方案。9月底，明确一终端台区配电、营销业务优先级方案并完成验证。12 月底，部署"两个透明化"微应用，实现融合终端基础业务功能全面应用，融合终端在线率达 95％以上。

2025 年，配电网运行状态、停电信息管理透明化管控全面实现。规模化推广"融合终端＋"分布式资源管控模式，实现台区自治与远程调节，支撑反向重过载治理和调峰、调频等业务。强化低压配电网图模同源维护，保障"站—线—变—户"关系实时准确，深化工单驱动业务模式，实现常态化支撑配电网运维工作。

5）加快推进配电自动化建设。推进配电主站Ⅰ区全覆盖，加快馈线自动化建设应用，提升配电主站Ⅰ区调控运行支撑能力以及Ⅳ区设备运检支撑能力，加强一、二次融合开关设备接地功能应用，提高配电自动化设备自主可控能力与网络安全防护水平，全面支撑数智运检、全量业务工单驱动。（国网设备部牵头，各省电力公司负责，中国电科院、南瑞集团、华云科技等单位配合）

2024 年，实现配电主站Ⅰ区地市全覆盖。4月底，完成新一代配电自动化主站系统和全国产芯片配电终端功能测试。6月底，推进一、二次融合开关建设应用，编制一、二次融合设备优化选型方案，实现配电自动化实用化指标管控平台全面应用。9月底，形成馈线自动化短路及接地研判策略的优化方案。12 月底，实现全国产芯片配电终端占比达 10％。

2025 年，全面建立配电主站Ⅳ区设备状态评价能力。开展配电主站实用化验收，实现配电主站Ⅰ区 SCADA 低压配电网监测功能，开展主配协同的分层分级电力电量平衡调节，推进跨Ⅰ、Ⅳ区终端定值在线管理，形成基于配电自动化"三遥"信息的设备状态评价机制，推进基于终端暂态录波的线路绝缘薄弱区段监测，支撑主动运维，网络安全防护能力全面提升，馈线自动化覆盖率达90％。

（5）推进作业数字化，赋能基层班组减负。以推进PMS3.0基础作业规模化为抓手，推进无人机巡检规模化应用，加快"两个替代"，全面应用一键顺控，深入推进"五级五控"风险防控体系、配电网应急保障支撑体系数字化转型提升，促进生产作业效率、效益和效能大幅提升，赋能基层班组减负。

1）推进PMS3.0基础作业应用实用化。结合实用化评价结果，迭代完善主网基础作业应用功能，推进配电网基础作业应用差异化改造和单轨运行，提升业务贯通率和移动应用率。融会贯通基础作业与数字化仪器仪表、专业管理应用，彻底解决数据多头录入、重复维护、线下留痕等问题，提升业务支撑和赋能减负质效。深化人工智能技术应用，提升基础作业智能化水平。持续开展国网西藏电力设备管理数字化转型帮扶，推进PMS3.0规模化应用，提升设备管理质效。（国网设备部、数字化部牵头，各省电力公司负责，南瑞集团、华云科技、信产集团等单位配合）

2024年，基础作业与专业管理应用融合贯通。3月底，完成主网实用化评价问题整改，实现主网检修计划与技改大修项目管理业务贯通，配电网巡视、抢修、缺陷、隐患应用单轨上线。6月底，实现输电应用全面支撑高压电缆、航空巡检管理，贯通主网检修计划与"五级五控"、状态评价业务；贯通巡视管理与无人机（机器人）巡检业务，配电网检修、检测、试验应用单轨上线。9月底，实现输电巡视与设备监控、气象预警业务贯通，实现主网缺陷、隐患、检测试验应用与通道可视化、统一视频、无人机、智能巡视、集控、数字化仪器仪表数据贯通，试点语音助手、智能检索等技术应用，配电网两票应用单轨上线。12月底，实现主配电网基础作业规模化单轨应用，PMS2.0及自建系统与基础作业相关功能全面下线，完成国网西藏电力PMS3.0建设并实现单轨运行。

2025年，基础作业应用智能化水平全面提升。持续推进基础作业与专业管理应用贯通，协同安监、调度等专业推进基础作业数据应用，深化语音助手、智能检索、图谱识别等人工智能技术应用，持续提升基础作业应用智能化水平。全面推进国网西藏电力PMS3.0规模化应用，加快国网西藏电力设备管理专业数字化转型。

2）持续推进无人机规模化应用。夯实基础多元化配置，稳步推进无人机新旧机型更替，结合应用需求配置固定翼无人机、大载重无人机及各类挂载设备。强化无人机多元化应用，持续推进自主巡检向低电压等级延伸，推广无人机辅助检修技术，建立无人机应急响应体系。深化技术多元化发展，引入"揭榜挂帅"

"赛马制"等创新机制，开展自主巡检关键技术攻关。打造输电运维模式转型示范，推进作业模式由半自动模式向全自动模式转变。（国网设备部牵头，各省电力公司负责，中国电科院、南瑞集团、信产集团等单位配合）

2024 年，无人机规模化应用成效初步显现。8 月底，开展无人机仿线飞行、X 光探伤技术试点应用。12 月底，10 千伏配电线路班组无人机应用覆盖率达 65%，110 千伏及以上线路无人机自主巡检覆盖率达 60%，完成地（市）级无人机全自主作业示范区建设及验收。

2025 年，无人机规模化应用范围进一步拓展。110 千伏及以上线路无人机自主巡检覆盖率达到 80%，无人机辅助检修、应急抢险技术实现常态化应用。总结建设经验，扩大无人机全自主作业模式试点范围。将无人机作业融入配电网日常巡检工单管控流程，强化配电网无人机现场作业安全管控。

3）推进变电运维"两个替代"实用化。坚持"建运并重、实用实效"原则，以优化巡视业务流程、减负赋能班组为核心，提高巡视终端运行可靠性和算法准确性，提升智能巡视规模化应用质效。加快智能巡视作业模式"成熟一批、转入一批"，切实推动变电运维作业方式转型。（国网设备部牵头，各省电力公司负责，中国电科院、南瑞集团等单位配合）

2024 年，提升变电站智能巡视系统规模化应用质效。3 月底，推动建立"智能＋远程"巡视机制，优化智能巡视技术原则，完善巡视策略。持续推进在运机器人"四个一"专项提升行动，合理利用巡视终端，深挖智能巡视系统数据价值，最大化发挥已建智能巡视系统实用化效能。12 月底，打造 60 个高质量智能巡视示范班组，实现 500 千伏及以上变电站智能巡视系统覆盖率达 60%，完成超高压变电站无人机自主巡检覆盖率不低于 30%。

2025 年，规模化推广变电站智能巡视系统实用化应用。推进人机协同与变电站智能巡视系统融合，完成 220 千伏及以上变电站智能巡视系统全覆盖，规模化打造高质量智能巡视应用班组。基本实现"智能＋远程"巡视替代人工现场例行巡视，切实提高变电运维作业效率、效益和安全，推动变电专业高质量发展。

4）加强"五级五控"风险管控。深化"五级五控"数字化风险防控体系建设，推进风险等级自动研判、管控措施刚性执行、工作环节自动推送等数字化功能建设，实现数据随业务即时流转，强化安规、两票、"十不干"等要求刚性执行，全面提高现场安全管控水平。（国网设备部、数字化部牵头，各省电力公司负责，南瑞集团等单位配合）

2024 年，建成"五级五控"数字化风险防控体系。3 月底，总结试点单位应用成果，以作业计划为主线，推进 PMS3.0 与调度 OMS、安监风控平台数据的有效互通，全面推广"五级五控"应用部署，做好春检应用准备。9 月底，结合春检现场应用经验，持续完善风险自动辨识、措施智能推送、流程关键闭锁、身份智能校验等功能建设，提升系统实用化水平，做好秋检应用保障。

2025 年，持续完善"五级五控"数字化风险防控体系。依托智能设备，优化可视化风险管控、作业全流程管理、远程督查等分析管控功能，结合各省市在深化应用过程中反馈的问题，开展"五级五控"数字化风险管控体系优化提升工作，确保作业全流程实时在控。

5）构建配电网数智应急支撑体系。探索应用空天遥感立体监测技术，融合电网资源、实时量测、气象灾害、北斗监测、无人机视频等数据，优化作业人员、应急车辆、装备物资的一体化指挥调度，提升重大保电、自然灾害和极端天气的事前预警、事中监测、事后复盘能力，实现空天地一体化的灾害感知与辅助决策，提升监测预警、应急指挥及现场抢修体验。（国网设备部、数字化部牵头，相关省电力公司负责，南瑞集团、国网信通产业集团、国网大数据中心等单位配合）

2024 年，空天地一体化配电网应急保供支撑体系初步构建。3 月底，打通内外网遥感、视频、监测数据传输链路，开展遥感智能解译，优化灾害识别大模型。5 月底，应用遥感智能解译，开展台风、洪涝、地灾、覆冰、山火等灾害影响设备范围和趋势变化的精准分析。7 月底，结合电力专业级气象数据服务，提升重大活动保电、自然灾害和极端天气的监测预警能力。9 月底，提升应急保电车辆状态感知能力，实现"人员—车辆—装备"统一指挥管控。11 月底，结合电网资源及量测数据，提升电网灾损分析、灾害仿真推演、应急抢修辅助决策等能力。

2025 年，配电网应急保供数智化管理水平全面提升。优化空天遥感数据传输、处理、智能解译算法，提升数据准确度和更新频度。结合电网资源、作业工单、故障隐患、车辆调度等数据，基于人工智能深化推演分析能力，优化完善气象灾害电网风险评估、配电网作业风险研判、配电网故障研判、应急资源调配预案等场景。

（6）推进管理数字化，赋能专业管理提质增效。结合电网高质量发展要求、设备管理模式变革等内容，持续完善 PMS3.0 顶层设计。统筹推进 PMS3.0 专业管理应用建设，推进生产管控体系高质量运转，构建数据驱动的设备管理新模式，赋能设备专业管理提质增效。

1）加快 PMS3.0 专业管理应用建设。推进总（分）部建设应用。加强各专业看板建设，打造全专业、深层次、多场景的特色微应用。推进省电力公司建设应用。完善 PMS3.0 业务架构图，推动检修"五级五控"、全域直流管控、监控管理、输电运检业务管控、配电网运行状态管控、电力气象、供应商运行绩效评价等专业管理应用全面上线，加快成熟应用实用化推广。推进直属单位建设应用。深化航空巡检业务管控、电网设备运维管理高级分析等业务支撑能力，为总部各专业提供设备质量校核、状态分析、协同管控等技术支撑。（国网设备部、数字化部牵头，各分部、各省电力公司、国网空间技术公司、中国电科院负责，南瑞集团、华云科技、国网信通公司等单位配合）

2024年，专业管理应用全面上线。3月底，更新发布PMS3.0业务架构图。总（分）部输电看板应用上线，省电力公司检修"五级五控"、全景浏览、监控管理、智能报表、变电运维计划管理、变电验收、配电自动化指标管理应用上线。6月底，总（分）部全景管控、环境分析预警、运检业务管控规模化应用，省电力公司变电专业管控看板、全域直流管控、变电站强降雨预警、输电运检业务管控、输电生产准备及验收、输电状态评价、配电不停电作业管理、配电电缆精益化管理、配电生产资源管理、配电网供应商绩效评价、供电可靠性管理应用上线，直属单位航空巡检业务管控应用上线。9月底，总（分）部无人机业务管控、分析评价管理应用上线；总部及省电力公司变电知识共享、变电设备健康评估、变电设备状态监测、变电状态评价应用上线。省电力公司直流专业技术管控、智能装置管理、变电制度与标准管理、配电网工程管理、配电网运检看板、配电网运行状态管控、配电网作业指挥管控、配电网停电信息管理、配电网无人机运检、配电网保供电管理、配电网运营管控、配电网技术监督、技术降损管理、供应商运行绩效评价应用上线，省电力公司技改大修项目管理、生产成本管理、实物资产管理、技术监督管理、供电电压管理、电能质量管理规模化应用。12月底，总（分）部高压电缆精益化应用上线，省电力公司储能站综合管控、直流设备分析处置、电力气象管理、主设备知识库应用上线，直属单位电网设备运维管理高级分析应用上线，PMS2.0相关专业管理应用全面下线。

2025年，专业管理应用全面实用化。持续推进专业管理应用优化完善，全面实现两级纵向贯通和规模化应用，有力支撑设备管理业务流转。

2）推进生产管控体系常态运转。持续拓展生产管控平台功能，优化灾害应急处置、重大保电协调、民生用电保障、停电舆情管控等应用。建设生产管控移动应用，实现决策指令与现场实时交互。完成设备监控、通道环境、电力气象、电网风险等数据全量接入，提升电网、设备及通道异常事件感知、风险预警和故障分析能力。完成分部生产管控平台上线，实现总部、分部、省级、地市（超高压）公司多级生产管控平台贯通应用，全面支撑生产管控体系高效运转。（国网设备部、数字化部牵头，各分部、各省电力公司负责，南瑞集团配合）

2024年，生产管控平台"5＋N＋2"业务全面覆盖。3月底，完成灾害应急处置、重大保电协调等核心业务应用优化。6月底，完成事件告警单、风险预警单、任务督办单等工单建设,实现生产管控工单与基础作业应用的任务关联和闭环管控。9 月底,完成移动应用建设,实现多屏全网跨平台应用。12 月底,完成各分部生产管控平台上线应用,实现总部、分部与省侧核心业务纵向贯通。

2025 年,建成生产管控"智慧大脑"。接入全电压等级设备、通道、作业及气象数据,实现设备状态和运检业务全面管控。开展运检策略智慧生成、生产质效智能评价等功能建设,打通各级生产管控平台纵向交互通道,实现现场信息直接上传,指挥指令实时穿透。

3)提升直流专业精益化检修水平。聚焦设备精益化管理,建设直流设备状态检修决策平台。汇聚设备状态关键数据,提升设备状态监视分析能力。应用人工智能、数字孪生等先进技术,实现设备状态精准评估、科学决策。发挥站、省、总部直属单位优势,进一步增强设备全过程技术监督管理及全寿命辅助决策能力。(国网设备部、数字化部牵头,各省电力公司负责,国网经研院、南瑞集团、信产集团等单位配合)

2024 年,全面开展设备状态检修决策平台建设。5 月底,开展 24 类设备平台建设,重点推进智能运维、智能检修、数字孪生、人工智能四大核心功能建设。6 月底,依托智能运检示范站建设,完成换流变、GIS、直流控保、测量装置平台建设及部署。9 月底,推进人工智能、数字孪生等先进技术应用落地,完成图像大模型、语义大模型和多模态分析大模型的算法训练,依托多物理场仿真技术,深化设备故障机理研究。12 月底,完成 24 类设备状态检修决策平台建设及部署工作,完成总部、省侧设备状态检修决策平台功能建设及移动端延伸,实现设备信息展示、关键数据统计分析、设备状态综合研判等功能。

2025 年,深化设备状态检修决策平台应用和多级贯通。夯实设备状态监视分析能力,推进 24 类设备平台推广应用,打造基于设备健康诊断的良性生态。推广先进技术融合应用,精确辅助运行维护、检修试验人员开展设备精益化检修。健全总部、省侧设备状态检修决策平台功能,完成设备状态检修决策三级数据、业务、功能全贯通。

4)提升变电设备健康状态评估水平。规范台账、带电检测、试验和缺陷隐患等数据模型,提升变电设备基础数据规范性、准确性。全面收集变电设备知识资源,完善主设备故障案例库、结构示意图收集方法。梳理设备健康评估状态量和特征量集合,构建设备关键参量主动预警、设备健康评估模型,实时掌握设备状态。完善主设备及核心组部件检修决策库,建设检修质效评价体系,推动数据驱动的设备差异化检修管理模式落地。(国网设备部、数字化部牵头,相关省电力公司负责,中国电科院、南瑞集团等单位配合)

2024 年,初步实现变电主设备健康评估。5 月底,完成 6 类主设备台账、试验、带电检测数据模型规范。7月底，完善试验标准库，规范设备异常故障数据档案模型，初步构建设备健康评估状态量和特征量集合。10月底，制订6类主设备缺陷隐患数据模型规范，初步构建变电设备健康评估模型。12月底，试点开展超特高压变压器、GIS设备健康评估。

2025年，深化变电主设备健康评估成果应用。建立变电知识统一运营评价机制，形成变电知识共建共享生态。持续完善异常故障数据档案。动态引入设备新增状态量，迭代修正特征量集及权重，优化设备健康评估模型，试点开展断路器、互感器等设备健康评估。完善主设备及核心组部件检修策略库，建设检修质效评价体系，促进检修流程优化、工艺改进及质效提升。

5）提升项目精准投资管理水平。构建项目多维度评价模型，开展工程项目投入产出分析，量化投资成效，促进精准投资，完善资产墙动态分析模型，指导老旧设备改造规划。加快造价线上化建设，提升项目结算准确性与及时性。建立全过程监测、研判与主动预警机制，提升项目合规管控水平。（国网设备部、数字化部牵头，各分部、各省电力公司、国网经研院负责，南瑞集团、国网大数据中心等单位配合）

2024年，推动项目精准投资管理精益化。6月底，试点构建项目投入产出评价标准及指标体系，优化完善设备预期寿命测算模型、资产墙风险评估模型。9月底，固化典型造价库并实现项目估、概、结费用数据结构化、线上可视化。12月底，实现资金入账、物资领料、停电计划、项目分包等关键数据线上贯通，开展项目管理全过程监测。

2025年，实现项目精准投资管理智能化。固化投入产出评价标准及指标体系，深入开展投入产出分析应用实践。构建资产墙动态分析工具，常态推进资产墙规模测算、风险评估，辅助投资策略智能生成。常态化开展专业重点、规模限上等项目可研估概算编审、项目结算等关键环节的线上应用。构建项目全过程数据分析模型，实现虚假开工、违规结算、物资虚领、违规分包等风险自动监测及预警。

6）提升电能质量数字化管理水平。强化增量用户入网评估管理，多渠道接入发展、营销、调度侧各用户及新能源场站台账信息，结合公共连接点和新能源并网点电能质量数据开展入网管控后评价，实现增量用户入网电能质量全过程管理。探索新能源场站侧、换流站监测数据接入，优化多维数据分析，提升新能源和干扰源用户并网变电站电能质量监测分析水平。构建"在线＋监督"有效机制，强化数据贯通，实现监督对象名单主动推送，监督告（预）警单自动生成，支撑谐波溯源分析和项目储备。（国网设备部、发展部、营销部、国调中心牵头，各省电力公司负责，南瑞集团配合）

2024 年，建成电能质量入网评估数字化管控体系。3 月底，完成增量用户入网评估模块建设方案编制。6 月底，完成电能质量监测数据常态化核验。9 月底，完成电能质量技术监督与在线监测、入网评估、现场测试的数据贯通建设。12 月底，完成评估报告录入、谐波溯源分析、技术监督实施、成效跟踪闭环及项目储备推送等全过程数字化管理。

2025 年，电能质量数字化监控体系进一步完善。试点开展新能源场站端电能质量监测数据接入。优化过程监督管理模块，分析系统监测数据，辅助项目储备、实施和治理效果评价，深化电能质量全过程精益化管控。开展新型电能质量指标系统评价体系研究，试点实用化分析模块，全面推进电能质量监控体系高效、科学运转。

7）提升供电电压数字化管控水平。推动完成监管类电压模块部署应用，提升监管类电压数据日管控水平，支撑落实能源局监管和统计工作要求。加强与调度、营销、配电网专业联动，优化完善数据线上自动核查功能，推动监测数据源头治理。扩展接入调度、配电网等专业系统数据，加强多源数据融合分析，实现电压问题溯源和治理辅助决策。推动电压"清单＋工单"管控功能建设，加强与营销、配电网专业系统数据共享应用，分类分级分步实现电压两单闭环管控，强化电压主动管理。（国网设备部、数字化部、营销部、国调中心牵头，各省电力公司负责，南瑞集团、信产集团等配合）

2024 年，建成电压异常数据自动核查及两单闭环管控功能。3 月底，完成监管类电压功能建设。6 月底，结合调度、营销、配电网专业系统，实现电压数据异常自动核查。12 月底，基于电压指标变化趋势分析和异动预警，融合母线电压、配电变压器出口电压、功率因数等数据，试点开展电压问题溯源和辅助决策功能建设应用。完成总部、省电力公司两级工单贯通，强化与营销、配电网系统数据共享应用，开展电压治理项目储备、实施和效果评价，逐步优化完善两单闭环功能。

2025 年，建成电压问题溯源和辅助决策分析高级应用。持续优化完善电压问题两单闭环管控功能，推广试点单位高级应用建设成果，实现电压问题溯源及辅助决策分析，提升电压主动防治能力。

8）提升电力气象监测与灾害管理水平。推进重点区域、重要设备的气象监测数据规范管理，确保数据高效传输至七中心。促进电力气象数字化管控，在线汇聚各单位灾情信息，对七中心发布的监测预测结果开展自动评价。（国网设备部牵头，各省电力公司负责，南瑞集团等单位配合）

2024 年，典型灾害监测、预测效果自动评价初步实现。3 月底，完成藏电外送和沙戈荒送出工程气象观测一期项目 3 个观冰站、25 个观冰点、28 个测风点观测数据接入。6月底，完成灾害预警、响应及灾情统计模块两级部署。9月底，开展特高压线路覆冰、舞动、微气象等监测装置运行状态统计。12月底，与七中心按需共享数据，完成电网典型灾害监测、预测效果自动评价。

2025年，气象灾害监测、预测效果自动评价全面实现。逐步向低电压设备设施延伸，实现气象监测装置及数据的统一规范管理。持续深化气象与设备关联分析，实现七中心监测预测效果自动评价。

9）提升电力可靠性管理水平。加快基于实时数据的电力供电可靠性管理体系建设。统一配电网线路分段规则、多源停电信息研判逻辑，完成配电网线路自动分段、可靠性停电事件自动研判与补全，前置检修、抢修管理停电原因维护，实现可靠性停电事件责任原因自动研判。应用区块链与可信认证技术加强可靠性数据安全防护，提升数据监测与校验能力，确保数据"一生成，即上送"。建设电力可靠性一体化应用，强化主配电网可靠性运行数据关联分析，发挥可靠性辅助决策作用。（国网设备部、数字化部牵头，各分部、各省电力公司负责，南瑞集团、信产集团等单位配合）

2024年，基于实时数据的电力靠性管理体系初步建成。3月底，10家省电力公司完成供电可靠性应用建设。6月底，11家、7家省电力公司分别完成输变电供电可靠性应用建设。9月底，5家省电力公司完成供电可靠性应用建设。12月底，西藏公司初步建成供电可靠性核心模块，8家省电力公司完成输变电可靠性应用建设。

2025年，基于实时数据的电力可靠性管理体系全面建成。完成输变电、供电可靠性管理应用建设，落实可靠性时效化、可溯化、透明化管理。建成电力可靠性一体化应用，提升输变电、供电、直流可靠性一体化协同应用分析能力。

10）提升配电网工程全过程管理水平。深化PMS3.0配电网工程全过程数字化管控实用化，加快配电网工程财务支出和工程分包管理功能建设，试点推广数字化技经管控。全面推进工程建设需求的智能生成、可研设计的合理化分析、现场施工的智能监管、工程验收的量化评价、工程技经一张图等内容，满足"管理规范、现代智能、安全可靠、优质高效"的配电网工程管理新要求。（国网设备部、数字化部牵头，各省电力公司、国网经研院负责，南瑞集团等单位配合）

2024年，配电网工程全过程管控和技经管理双链路模式初步形成。3月底，完成总部配电网工程与27家省（直辖市）公司的两级贯通，实现总部侧穿透管理和分析决策。9月底，完成工程分包、财务进度支出、需求自动收集、规划用图设计、施工用图作业等功能完善，提升配电网工程全过程数字化管控能力。12月底，完成江苏、浙江等5家单位的工程技经试点，推动以造价单元为基础的数字化技经管理。

2025 年，配电网工程全过程管控和技经管理双链路模式全面实现。依托人工智能、无人机、AR/VR 技术，实现设计在线勘察、安全远程督查、作业智能研判和无人机辅助验收功能。通过智能比对工程改造前后设备运行情况，评估工程建设成效。开展工程预制化、机械化施工的在线统计分析，推广应用"四化"施工模式。

11）提升供电服务指挥数智化水平。深化平战结合指挥模式，通过城区应急抢修指挥、舆情风险预警、频繁停电管控等手段，提升供电服务水平。基于电网一张图，实现供电服务业务图上分析、图上指挥，提高供电服务数字化指挥能力。推进供电服务虚拟智能座席建设，全面实现供电服务业务的人工智能辅助与机器替代，为各级指挥中心提质减负。（国网设备部、数字化部牵头，各省电力公司、国网经研院负责，南瑞集团等单位配合）

2024 年，聚焦数字驱动，初步实现数智化供电服务指挥。4 月底，完成城区应急抢修指挥模式建设，构建电力舆情风险预警及频繁停电治理机制。6 月底，完成供电服务业务图上分析与指挥建设，提高数字化指挥能力。8 月底，依托量测中心＋数据中台强化计算推演，在供电质量、设备健康、用电安全等方面扩展数字驱动的供电服务场景，推进供电服务业务多元化建设。10 月底，选取数智化供电服务建设优秀成果并推广应用。

2025 年，聚焦智能协同，全面实现数智化供电服务指挥。依托大语言模型 AI、智能话务、RPA 等技术，实现供电服务值班、稽查督办、异常预警等供电服务业务的智能托管，供电服务指挥人工智能辅助与机器替代全面推广应用。

12）建设配电网数字化管控微应用群。围绕标准化建设、精益化运维、智能化管控三大方向，构建配电网数字化管控微应用群。打造面向设备、环境以及"光储充"新要素的状态精准感知应用，实现配电网全设备状态感知。通过状态实时分析与数据价值挖掘，推动配电网全业务工单驱动。强化电网一张图与配电网业务深度融合，推动作业全过程透明管控。以供电可靠性、电能质量等管理指标为抓手，建立配电网智慧决策中枢，全面提升配电网设备管理精益化水平。（国网设备部、数字化部牵头，各省电力公司负责实施，中国电科院、南瑞集团、大数据中心等单位配合）

2024 年，配电网数字化管控微应用群初步建成。3 月底，完成配电网数字化管控微应用群详细设计。6 月底，完成微应用群在试点省份研发部署并开展试点验证。9 月底，完成全国范围内应用部署，全面开展推广应用。12 月底，开展配电网数字化管控微应用群实用化评估。

2025 年，配电网数字化管控微应用群持续迭代。深度融合数字孪生、人工智能等数字技术与配电网业务，推动配电网数字化管控微应用群智慧化升级。打通与外部用户、外委队伍、设计单位以及第三方聚合商平台交互通道，构建对外协同的配电网应用生态。

（7）推进协同数字化，赋能数据价值创造。以设备全过程贯通为抓手，融合设备实物和价值管理，开展多维度设备属性数据价值挖掘，推进设备管理全过程业务协同、流程贯通和数据共享，赋能设备管理全过程数据价值创造。

1）持续推进设备全过程贯通高质量建设。稳步推进设备全过程贯通建设应用，围绕"数据一个源、业务一条线、电网一张图"，以企业级资源编码和实物"ID"为核心，贯通多态图模，试点开展与调度专业数据贯通，推进新一代集控站、电网资源业务中台、变电站端模型融合，实现设备全过程要素贯通。拓展跨专业需求，充分发挥设备全局数据应用价值，打造国网数字化应用生态圈，赋能公司全业务、全环节数字化转型。（国网设备部、数字化部牵头，各省电力公司负责实施，南瑞集团、大数据中心等单位配合）

2024年，持续推进设备全过程贯通深化应用。4月底，基于SG-CIM标准固化71类设备物理参数模型、47类设备试验数据模型，完成天津、冀北等15家单位推广实施。9月底，实现多维精益成本等跨专业数据共享，构建设备跨省调拨等业务应用，扩展实物"ID"赋码范围，增加关键组部件、组合类、继电保护等物料类型赋码。开展电网设备统一模型试点验证，试点完成集控系统、辅助设备、继电保护等二次设备同源维护。12月底，完善运维一键建档场景功能，支撑各省示范工程落地及规模化应用，协同新一代集控站、调度主站（D5000）、电网资源业务中台，统筹Ⅰ/Ⅳ区站内图模及设备标准（IEC 61970、IEC 61850），打通互联网大区到生产控制大区的电网设计模型文件传输链路，推进企业级资源编码在规划、调度环节集成应用。

2025年，开展设备全过程贯通示范拓展。挖掘设备全过程贯通价值，支撑业财贯通、设备选型、供应商评价等企业级应用。全面推进集控系统、电网资源业务中台、调度主站图模交互工作，实现"规建运"信息同源维护、同图展示。统筹外部单位协同，将设计单位、施工单位、监理单位等纳入公司设备管理数字化体系，创新"平台＋数据＋生态"业务新模式，打造涵盖供应链、产业链、价值链的新型数字生态，促进上下游产业协同发展。

2）深化全过程技术监督数字转型建设应用。持续加强全过程技术监督，稳步推进新建输变电工程全量实施项目制，深入开展在运设备技术监督。推广技术监督移动作业，落实特高压技术监督规模化应用，深化监督数字化管控能力。基于设备全过程贯通成果，建立全流程质量信息共享机制。积极推广数据自动分析等监督新方式，充分利用在线监测等手段，创新驱动技术监督作业模式变革。（国网设备部牵头，各省电力公司负责实施，南瑞集团等单位配合）

2024 年，提升技术监督数字化管控覆盖率。4 月底，国网山东、浙江等单位完成特高压技术监督模块建设。6 月底，各单位完成首检技术监督、隐患技术监督功能建设，220kV 及以上工程技术监督移动作业率达到 50%。9 月底，各单位完成运维检修阶段技术监督功能建设。12 月底，实现 14 类设备监督质量信息与供应商评价数据贯通，国网江苏、山东、湖南电力试点开展远程视频、图像识别等新技术应用。

2025 年，拓展技术监督作业新模式。依托基础数据底座，构建公司级设备质量信息共享平台，贯通共享各层级、各专业、各环节设备质量信息，实现各专业质量信息共享共用。结合远程视频、人工智能等新技术推动技术监督智能化，推广数据自动分析等监督新方式。

3) 深化资产全寿命周期管理数字化转型建设。深化实物"ID"在各环节作业场景应用。建立设备与作业、资产与项目联动机制，强化设备资产异动全业务流管控。结合设备全过程贯通成果，全面推进资产全寿命周期管理数据底座建设应用。优化 PMS3.0 生产成本精益管理应用，实现 LCC 曲线自动生成，基于数据底座，构建资产全寿命画像。推进资产全寿期画像在物资招标、投资决策等方面落地应用，提升资产全寿命周期管理水平。（国网设备部、数字化部牵头，各分部、各省电力公司、国网经研院负责，南瑞集团、国网大数据中心等单位配合）

2024 年，资产全寿命周期管理数字化转型初显成效。3 月底，完成 PMS3.0 生产成本精益管理应用功能优化。6 月底，完成实物"ID"关键业务环节数据贯通率达 90% 以上，初步建成总部、省电力公司两级资产全寿命周期管理数据底座，推进实物资产线上评价分析。9 月底，试点开展电网实物资产管理全流程业务和数据质量线上监测分析，建成 500 千伏及以上变压器、GIS、断路器三类资产全寿命画像。12 月底，选取 2 个及以上 500 千伏及以上电网建设项目开展设备 LCC 选型应用。试点开展 500 千伏变压器、GIS 等设备招标实践。

2025 年，资产全寿命周期管理数字化转型深入推进。实现实物"ID"关键业务环节数据贯通率达 98% 以上。推广 PMS3.0 实物资产管理应用，健全电网资产管理业务线上流程功能，实现关键业务流程实时监控分析，提升底座数据质量。建成 110 千伏及以上变压器、GIS、断路器三类资产全寿命画像，试点建设二次设备资产全寿命画像。推广实物资产线上评价分析，推进资产全寿命管理体系线上评价。推进 500 千伏及以上电网建设及技改工程可研方案比选应用全覆盖，完善供应商综合评价机制，全面推进 500 千伏变压器及 GIS 设备招标。

（8）构建设备管理数字化转型运营管控体系。聚焦数字化产品和人才，健全设备管理数字转型两级运营管控机制，加快打造熟悉业务、精通数据、掌握技术的数字化专业队伍，为公司设备管理数字化转型工作的高质量开展提供不竭动力。

1）构建数字化产品全寿命运营管控体系。健全设备数字化运营运维管控机制，引入电科院技术支撑力量，组建专业运营管控队伍，推动用户需求快速响应和闭环管理，形成数字化产品全过程管控方法。打造设备数字化管控工具，推进中台研运管控协同，实现模型、服务和应用的全过程线上监测管控。聚焦核心业务场景及关键指标，完善实用化评价指标体系，实现常态化评价。（国网设备部、数字化部牵头，各省电力公司负责实施，中国电科院、国网信通公司、国网大数据中心、南瑞集团、华云科技等单位配合）

2024年，初步建成数字化产品全过程运营管控体系。4月底，明确各级电科院、信通公司的管理职责以及业务运营、技术运维界面。6月底，修订运营管控方案，编制用户、业务、技术的问题联动处置方案，开展应用深度、用户体验、价值成效等综合评估，完善实用化评价指标体系。9月底，组建专业运营管控团队，完善问题管控模块，实现"1＋1"响应。11月底，搭建数字化全过程管控模块和全链路检查工具，建成实用化评价模块。开展规模化应用和数据质量常态化评价。

2025年，全面提升数字化产品全过程运营管控能力。扩充专业运营管控团队，深化问题管控模块，应用人工智能等新技术，提升问题分析及处理能力，强化各级电科院对设备数字化转型的支撑。优化全过程管控模块和全链路检查工具，实现模型、服务和应用的全过程监控。以用户和价值为导向完善评价机制，深化评价功能。

2）打造数字化人才全方位培养管控体系。落实各层级管理主体责任，建立完善人才培养体系。构建开放、共享的数字化知识库，畅通多元化学习途径。通过良好的激励措施，鼓励基层创新、强化数字化新技术应用实践，分层级、分专业建立"业务＋技术"复合型人才梯队。健全人才评估体系，在支撑单位培养"双百人"产品经理和项目经理，在省、市、县各级培养"双千人"复合型专业人才。（国网设备部、数字化部牵头，各分部、各省电力公司、相关直属单位负责，南瑞集团等单位配合）

2024年，数字化人才全方位培养管控体系初步建成。3月底，建立设备管理数字化转型培训体系，制订系统化培训方案。6月底，形成覆盖业务与技术的培训课程体系，完成设备管理数字化转型知识库创建。12月底，分层级、分批次完成各单位人员培训。遴选"双百人""双千人"专家人才，认定首批设备管理数字化转型优秀人才。

2025年，数字化人才全方位培养管控体系基本建成。优化设备管理数字化转型培训体系，完善课程设置，制度化、常态化举办公司各级"业务＋技术"人才培训。持续推进"双百人""双千人"专家人才遴选。做好"业务＋技术"复合型人才储备。

（9）打造设备智慧管理综合示范区。鼓励各单位发挥自身优势和特色，因地制宜打造设备智慧管理综合示范区，开展先行先试、主动创新、改进提升，以点带面推进设备管理数字化转型取得更大成效。

落实设备管理数字化转型要求，制订设备智慧管理综合示范区建设标准，深度融合人工智能、电力北斗等先进技术与设备管理，以整省、整市、整县的方式推进综合示范区建设，形成一系列可复制、可推广的典型经验。建立综合示范区实用化评价体系，固化设备智慧管理数字化成果，推进设备管理全业务、全环节数字化转型，加快推动公司向能源互联网企业升级。（国网设备部、数字化部牵头，各分部、各省电力公司、南瑞集团、国网大数据中心等单位配合）

2024年，试点建设设备智慧管理综合示范区。3月底前，明确设备智慧管理示范区建设要求，指导制订设备智慧管理示范区建设方案。6月底前，明确示范区建设差异化实施步骤，选择省、市、县整体推进试点建设。12月底前，总结示范区建设成果，形成示范区建设典型经验。

2025年，推广建设设备智慧管理综合示范区。结合公司数字化转型工作要求，拓展示范区建设深度广度，优先推广较为成熟的应用场景，提炼深化典型经验，支撑综合示范区高质量推广。

4. 保障措施

（1）强化组织保障。充分利用设备部、数字化部双牵头管理优势，发挥总部管控组、省电力公司柔性组织作用，压紧压实各级职责，协调推进重点工作任务，按工作目标和时间节点，逐项分解细化工作，优化技术和资源配置，打造数字化转型典型示范，推动跨专业协同落地。

（2）加强资源保障。各单位要做好软硬件扩充、技术研究、系统维护、试点应用等环节的资源保障，做好远景发展规划，统筹资金投入，整合技术力量，组建专业保障团队，全面提高数字化技术应用能力和支撑能力，避免重复建设，提升投资精准性，保障各项工作方案现场落地见效。

（3）加强总结提升。全面推进数字化技术与设备管理业务的深度融合，聚焦实际问题、难点痛点，引导基层单位先行先试、主动创新、积极采用新技术、新方法解决实际管理中存在的困难和问题，总结高价值、可推广、可复制的做法和经验，强化宣传交流，不断推动 PMS3.0 实用实效。

（4）加强制度保障。建立设备管理数字化建设应用体系，对设备运维单位基础数据质量和规模化应用进行管控、监督和评价，结合数字化转型带来的设备管理、业务模式变革，做好制度、标准修订更新，固化数字化转型成果。

🎙 附录H　名　词　解　释

"三遥"终端：指具备遥信、遥测、遥控功能的终端装置。

95598客户诉求：95598客户诉求是指通过95598热线电话受理投诉、举报（行风问题线索移交）、意见（建议）、故障报修、业务申请、查询咨询业务。

变压器终端单元（TTU）：TTU（Transformer Terminal Unit）是变压器终端单位。它是一种变压器参数采集设备。

电力调度：为保障电力系统安全、优质、经济运行和电力市场规范运营，实行资源的优化配置和环境保护，保证电力生产的秩序，对电力系统运行的组织、指挥、指导和协调的活动。

电力系统：由发电、供电（输电、变电、配电）、用电设施和为保证这些设施正常运行所需的继电保护及安全稳定自动装置、计量装置、电力通信设施、自动化设施等构成的整体。

二级重要电力客户：指中断供电将可能产生下列后果之一的电力客户：造成较大环境污染的；造成较大政治影响的；造成较大经济损失的；造成一定范围社会公共秩序严重混乱的。

分布式电源：在客户所在场地或附近建设安装、运行方式以客户侧自发自用为主、多余电量上网，且在配电网系统平衡调节为特征的发电设施或有电力输出的能量综合梯级利用多联供设施。包括太阳能、天然气、生物质能、风能、地热能、海洋能、资源综合利用发电（含煤矿瓦斯发电）等。

供电区域划分：依据行政级别和规划水平年的负荷密度（σ）将供电区域划分为A+、A、B、C、D、E六类。A+类：直辖市市中心或$\sigma \geqslant 30 \mathrm{MW/km^2}$；A类：省会城市、计划单列市市中心或$15 \leqslant \sigma < 30 \mathrm{MW/km^2}$；B类：对应地市级（自治州、盟）市区或$6 \leqslant \sigma < 15 \mathrm{MW/km^2}$；C类：一般为城镇地区或$1 \leqslant \sigma < 6 \mathrm{MW/km^2}$；D类：主要为乡村地区或$0.1 \leqslant \sigma < 1 \mathrm{MW/km^2}$；E类：农牧区或$\sigma < 0.1 \mathrm{MW/km^2}$。

黑图：代表当前实际的配电网络状态，反映了电网的实际接线情况和设备配置。黑图是基于实际的电网结构和设备状态绘制的，是配电网自动化系统的基础图形。

红图：代表配电网络的未来状态，即计划中的改变或更新，红图用于表示线路改造前后的不同接线图，以及根据改造前和改造后的图形进行调度操作。红图用红色标记来表示接下来将要进行的改变。

计划检修：列入月度计划的检修、维护、试验等工作。

馈线终端单元（FTU）：对馈线配电装置实行自动化远程监控的终端设备。馈线终端单元由采样回路、计算机芯片（CPU）、通信终端、开关操作控制电路、不间断供电电源等组成，装在由耐腐蚀的材料制成的防雨、防尘箱体内，与馈线自动化配套以完成配电设备的监视和控制。

馈线自动化（FA）：利用自动化装置或系统，监视配电网的运行状况，及时发现配电网故障，进行故障定位、隔离和恢复对非故障区域的供电。

拉闸限电：拉开线路断路器强行限制用户用电。

配电自动化系统（DAS）：配电自动化系统是实现配电网运行监视和控制的自动化系统，具备配电 SCADA（supervisory control and data acquisition）、故障处理、分析应用及与相关应用系统互连等功能，主要由配电自动化系统主站、配电自动化系统子站（可选）、配电自动化终端和通信网络等部分组成。

事故带电巡线：线路事故后为了查明故障原因的巡线。

数据采集与监控（SCADA）：SCADA（Supervisor Control And Data Acquisition）系统，作用是完成远方现场的运行参数状态的监视、对工艺流程进行全面、实时的监视和远方操作控制、调节等任务，并为生产、调度和管理提供必要的数据。

特级重要电力客户：指在管理国家事务中具有特别重要作用，中断供电将可能危害国家安全的电力客户。

调度管辖范围：电力系统设备运行和操作的指挥权限范围。

调度指令：值班调控员对其下级调控机构值班调控员或调度管辖厂（站）运行值班人员发布有关运行、操作和事故处理的指令，包括自动电压控制（简称AVC）等实时调度等调度自动化系统下达的调控指令。

停送电信息：生产类停送电信息和营销类停送电信息。生产类停送电信息包括计划停电、临时停电、故障停电、超电网供电能力停电、其他停电等；营销类停送电信息包括违约停电、窃电停电、欠费停电、有序用电（需求侧响应）、表箱（计）作业停电等。

同源系统：指集中管理和维护电网设备、线路等资源信息的系统。

线路强送电：线路事故跳闸后未经巡线或没发现明显问题而强行送电。

线路试送电：线路故障消除后的送电。

一级重要电力客户：指中断供电将可能产生直接引发人身伤亡的；造成严重环境污染的；发生中毒、爆炸或火灾的；造成重大政治影响的；造成重大经济损失的；造成较大范围社会公共秩序严重混乱的。

站所终端单元（DTU）：DTU(Data Transfer Unit)，也称数据传输单元，主要安装在常规的开关站、环网柜中，完成对开关设备的位置信号、电压、电流等数据的采集与计算，对开关进行分合闸操作，还可实现故障识别、隔离和对非故障区域的恢复供电。

知识库：为支撑供电服务、充电服务及电e宝服务，规范、高效解决客户诉求，从有关法律法规、政策文件、业务标准、技术规范中归纳、提炼形成的服务信息集成，以及为提升95598供电服务人员的业务和技能水平所需的支撑材料。

重要服务事项报备：重要服务事项是指在供用电过程中，因不可抗力、配合政府工作、系统改造升级等原因，可能给客户用电带来影响的事项或因客户不合理诉求可能给供电服务工作造成影响的事项。

自愈模式：馈线自动化自愈模式是指在配电网馈线自动化系统中，通过自愈系统对馈线自动化问题进行全面处理和优化的一种模式。